Conzelmann · Arbeitszeit in der digitalen Arbeitswelt

Nicole Conzelmann

Arbeitszeit in der digitalen Arbeitswelt

Eine arbeitsrechtliche Untersuchung flexibilisierender Gestaltungsmöglichkeiten unter Berücksichtigung des Gesundheitsschutzes

Mit einer Einführung von Professorin Dr. Irmgard Küfner-Schmitt

Gans Verlag
Berlin

Berliner wirtschaftsrechtliche Schriften, Bd. 7

Von Professor Dr. Michael Jaensch und Professorin Dr. Irmgard Küfner-Schmitt herausgegeben.

Bibliografische Informationen der Deutschen Nationalbibliothek

Die Deutsche Nationalbibliothek verzeichnet diese Publikation in der Deutschen Nationalbibliografie; detaillierte bibliografische Daten sind im Internet über http://dnb.dnb.de abrufbar.

ISBN 978-3-946392-08-8

Nicole Conzelmann
Arbeitszeit in der digitalen Arbeitswelt
1. Auflage 2017

Inhaltsverzeichnis

Einführung

Von Prof. Dr. Irmgard Küfner-Schmitt

Die Digitalisierung ist aus unserem Leben und der Arbeitswelt nicht mehr wegzudenken[1]. Informations- und Kommunikationstechnologien erleichtern zwar vielfach das Leben, führen aber auch zu dessen Beschleunigung. Insbesondere in der jüngeren Generation sind Smartphones und Internetzugang mittlerweile Standard bzw. werden vom Unternehmen gestellt. Die ständige Erreichbarkeit weckt aber auch die Erwartung einer schnellen Reaktion. Dies macht sich nicht nur im privaten Bereich bemerkbar, sondern insbesondere im beruflichen Alltag. Der klassische Achtstundentag, an den sich eine Erholungs- und Freizeitphase anschließt ist in vielen Berufen nicht mehr gegeben. Nachts schnell noch mal die E-Mails checken oder Fragen des Chefs beantworten, ist oft zur Selbstverständlichkeit geworden. Ein Abschalten ist dabei nicht mehr möglich. Die Arbeitsleistung ist örtlich und zeitlich „entgrenzt"[2].

Positiv wird dabei das Flexibilisierungspotential gesehen. Ein Arbeitnehmer, der sich gerne am Nachmittag privaten Dingen widmen möchte oder muss, kann seine Arbeitsleistung auch noch abends am Rechner erbringen. Negativ wird die damit einhergehende Belastung und gesundheitliche Beeinträchtigung verbucht. Für Arbeitnehmer stellt sich vornehmlich die Frage „Was darf ich und was muss ich?". Für die Arbeitgeberseite wird sich ebenfalls die Frage stellen, was darf erwartet werden; aber auch, wie ist die Arbeit zu organisieren, denn wann und wo ein Arbeitnehmer arbeitet, entzieht sich oft dem Zugriff des Arbeitgebers. Dabei ist der Arbeitgeber zur Einhaltung der Arbeitsschutzbestimmungen verpflichtet und hat auch ein Eigeninteresse daran, um den Krankenstand in seinem Unternehmen gering zu hal-

---

1 Die vorliegende arbeitsrechtliche Untersuchung von Nicole Conzelmann über die Problematik der Arbeitszeit in der digitalen Arbeitswelt lag als Masterarbeit zur Erlangung des akademischen Grades Master of Laws (LL.M.) der HTW Berlin vor.

2 *Wiebauer, Bernd*: Arbeitsschutz und Digitalisierung, NZA 2016, 1430.

ten. Das Austarieren der Flexibilisierungsbedarfe von Unternehmen und Beschäftigten bei gleichzeitiger Aufrechterhaltung des Arbeitsschutzes ist eine der großen Aufgaben einer digitalisierten Arbeitswelt[3].

Die Diskussion hierüber ist im Gange. Im April 2015 hat das Bundesministerium für Arbeit und Soziales ein „Grünbuch Arbeiten 4.0"[4] vorgelegt, das die Fragestellungen aufwirft und einen Dialogprozess etablieren sollte. Dem Grünbuch folgte ein „Weißbuch Arbeiten 4.0"[5], das die Schlussfolgerungen aus dem im Frühjahr 2015 gestarteten Dialogprozess zusammenfasst. Auch der 71. Deutsche Juristentag hat sich mit dem Thema „Arbeitsrecht 4.0" befasst[6]. Dabei ist die Arbeitszeit nicht der einzige Faktor, jedoch ein entscheidender.

1. Arbeit 4.0

Der Begriff „Arbeit 4.0" leitet sich vom Begriff „Industrie 4.0" ab, der vierten industriellen Revolution. Industrie 1.0 bedeutete dabei den Beginn der Industrialisierung am Ende des 18. Jahrhunderts. Unter Industrie 2.0 versteht man die um 1900 einsetzende Mechanisierung und Massenproduktion. Beim Begriff Industrie 3.0 steht die weitere Automatisierung durch IT und Elektronik im Fokus. Die vierte industrielle Revolution arbeitet verstärkt mit der Digitalisierung. Die Produktion ist vernetzt, es wird nicht mehr auf Vorrat produziert, sondern die Produktion erfolgt auf Nachfrage. Der Begriff „Arbeit 4.0" schließt hieran an, legt aber den Schwerpunkt nicht auf die Produktionsprozesse, sondern auf die Arbeitswelt und die Arbeitsverhältnisse. Es geht im Wesentlichen darum die Flexibilisierungsmöglichkeiten hinsichtlich der Arbeitszeit und des Arbeitsortes mit den Erfordernissen des Gesundheitsschutzes auszugleichen. Positiv lassen sich die individuellen Vorstellungen einer Work-Life-Balance bei gleichzeitiger Kosten- und Ressourceneinsparung für die Unternehmen verwirklichen. Auf der negati-

---

3 *BMAS*, Weißbuch Arbeiten 4.0. S. 115; abrufbar auf der Seite des BMAS.

4 Abrufbar auf der Seite des BMAS.

5 Ebenfalls abrufbar auf der Seite des BMAS.

6 *Krause, Rüdiger*: Gutachten B zum 71. Deutschen Juristentag DJT Bd. I 2016.

ven Seite steht eine Entgrenzung von Arbeitszeit und Arbeitsort mit erheblichen Auswirkungen auf Entspannungs- und Erholungsphasen und -räume und damit auf die Gesundheit.

2. Rechtlicher Rahmen des Arbeitszeitrechts

Die Rufe nach einer Deregulierung des nationalen/deutschen Arbeitszeitrechts sind mannigfach[7]. Dabei ist der deutsche Gesetzgeber jedoch nicht frei in seinen Gestaltungsmöglichkeiten, sondern eingebunden in höherrangige, vor allen Dingen supranationale Regelungen.

An erster Stelle ist da das europäische Primärrecht zu nennen, zu dem die Charta der Grundrechte gehört. Art. 31 GRC lautet wie folgt:

> Art. 31 Gerechte und angemessene Arbeitsbedingungen
> (1) Jede Arbeitnehmerin und jeder Arbeitnehmer hat das Recht auf gesunde, sichere und würdige Arbeitsbedingungen.
> (2) Jede Arbeitnehmerin und jeder Arbeitnehmer hat das Recht auf eine Begrenzung der Höchstarbeitszeit, auf tägliche und wöchentliche Ruhezeiten sowie auf bezahlten Jahresurlaub.

Konkretisiert wird dieses Grundrecht durch das europäische Sekundärrecht: Die RL 2003/88/EG[8] enthält u.a. Regelungen zu Mindestruhezeiten, wöchentlichen Ruhezeit und wöchentlichen Höchstarbeitszeiten. U.a. ist vorgesehen, dass pro 24-Stunden-Zeitraum eine Mindestruhezeit von elf zusammenhängenden Stunden zu gewähren ist. Die Frage, ob diese Mindestruhezeit durch Telefonate und E-Mails unterbrochen werden darf oder danach wieder neu beginnt, stellt sich also sehr schnell.

---

7 Z.B. *Bissels, Alexander/Meyer-Michaelis, Isabel*: Arbeiten 4.0 – Arbeitsrechtliche Aspekte einer zeitlich-örtlichen Entgrenzung der Tätigkeit, DB 2015, 2331, 2333 f. und 2336; *Günther, Jens/Böglmüller, Matthias*: Arbeitsrecht 4.0 – Arbeitsrechtliche Herausforderungen der vierten industriellen Revolution, NZA 2015, 1025, 1028 und 1031; *Jacobs, Matthias*: Reformbedarf im Arbeitszeitrecht, NZA 2016, 733, 734; *Schirmer, Uwe:* Selbstbestimmtes Arbeiten in der digitalen Arbeitswelt, NZA-Beil. 2016, 85, 89; *Wolf, Roland* in Giesen/Junker/Rieble: Industrie 4.0 als Herausforderung des Arbeitsrechts, S. 61, 64.

8 ABl. L 299 vom 18.11.2003, S. 9 ff.

Das nationale Arbeitszeitgesetz von 1994 dient wiederum der Konkretisierung und Umsetzung der europäischen Vorgaben. Zweck des Gesetzes ist gem. § 1 Nr. 1 ArbZG zum einen die Sicherheit und den Gesundheitsschutz der Arbeitnehmer bei der Arbeitszeitgestaltung zu gewährleisten und die Rahmenbedingungen für flexible Arbeitszeiten zu verbessern. Zum anderen dient das Gesetz gem. § 1 Nr. 2 ArbZG auch dem Schutz des Sonntags und der staatlich anerkannten Feiertage. Zur Einhaltung der arbeitszeitrechtlichen Vorschriften ist der Arbeitgeber verpflichtet. Verstöße gegen das Arbeitszeitrecht sind gem. §§ 22, 23 ArbZG straf- und bußgeldbewehrt.

Änderungen des Arbeitszeitgesetzes müssen sich damit in dem durch europäisches Recht vorgegebenen Rahmen halten, der nur geringe Spielräume lässt. Conzelmann stellt dies de lege lata und de lege ferenda anschaulich dar[9].

3. Gestaltungsmöglichkeiten

Das Arbeitszeitgesetz ist dabei einseitig zwingend. Nur in den im Gesetz ausdrücklich vorgesehen Fällen darf abgewichen werden, insofern ist auch nur insoweit eine Flexibilisierung möglich. Wobei als Gestaltungsinstrumente gem. §§ 7, 12, 13, 14 und 15 ArbZG Tarifverträge oder Betriebsvereinbarungen in Betracht kommen. Individualrechtlich können die Regelungen des Arbeitszeitrechts nicht abbedungen werden. Auf individualrechtlicher Ebene kommen nur Gestaltungen innerhalb des arbeitszeitrechtlichen Rahmens in Betracht[10].

Die gem. § 7 ArbZG zugelassenen Abweichungen auf kollektivvertraglicher Ebene sind demgegenüber weiter. Dies betrifft insbesondere die Verlängerung der Höchstarbeitszeit und die Verkürzung der Ruhezeit. Inwieweit § 7 ArbZG allerdings europarechtskonform ist, ist noch nicht abschließend geklärt[11].

In der Praxis haben große Unternehmen längst erkannt, dass sich die ständige Erreichbarkeit von Arbeitnehmern gesundheitsschädlich auswirkt.

---

9 Kapitel D.

10 Kapitel E I 1.

11 *Conzelmann* geht diesen Fragestellungen unter E I 2.c nach.

Verhaltensleitfäden versuchen dem entgegenzusteuern[12]. Es wird für einen verantwortungsvollen Umgang mit den vorhandenen technischen Möglichkeiten geworben. Darin wird sicherlich die Zukunft des Umgangs mit der Digitalisierung der Arbeitswelt liegen.

---

12 Beispiele bei *Conzelmann* unter E II.1., Mustervereinbarung unter E II. 4.

Literaturverzeichnis

Wiebe, Andreas/Kreutz, Oliver, Native Advertising. Alter Wein in neuen Schläuchen, WRP 2015, 1053.

Anzinger, Rudolf/Koberski, Wolfgang: Kommentar Arbeitszeitgesetz, 4. Auflage 2014, Deutscher Fachverlag GmbH, Fachmedien Recht und Wirtschaft, Frankfurt am Main 2013 [zitiert: Anzinger/Koberski].

Arbeitnehmerkammer Bremen (Hrsg.): Stellungnahme zum Grünbuch „Arbeitenviernull" des Bundesarbeitsministeriums, Stand: 09/2015, http://www.arbeitenviernull.de/dialogprozess/fachdialog/stellungnahmen/arbeitnehmerkammer-bremen.html (letzter Abruf 06.01.2017) [zitiert: Arbeitnehmerkammer Bremen, Stellungnahme zum Grünbuch Arbeiten 4.0].

Baeck, Ulrich/Deutsch, Markus: Arbeitszeitgesetz Kommentar, 3. Auflage 2014, Verlag C.H. Beck oHG, München 2014 [zitiert: Baeck/Deutsch].

Bauer, Jobst-Hubertus/von Medem, Andreas: „One size fits all" – im Arbeitsrecht nicht angemessen, NZA 2013, 1233–1238 [zitiert: Bauer/v. Medem, NZA 2013].

BDA die Arbeitgeber (Hrsg.): Chancen der Digitalisierung nutzen, Positionspapier der BDA zur Digitalisierung von Wirtschaft und Arbeitswelt, Stand: 05/2015, http://www.dgb.de/themen/++co++5a8cba76-26f3-11e5-b71c-52540023ef1a (letzter Abruf 06.12.2016) [zitiert: BDA, Positionspapier].

Bermig, Klaus: Die Änderungen des Arbeitszeitgesetzes durch das Gesetz zu Reformen am Arbeitsmarkt, BB 2004, 101–105 [zitiert: Bermig, BB 2004].

Bissels, Alexander/Meyer-Michaelis, Isabel: Arbeiten 4.0 – Arbeitsrechtliche Aspekte einer zeitlich-örtlichen Entgrenzung der Tätigkeit, DB 2015, 2331–2336 [zitiert: Bissels/Meyer-Michaelis, DB 2015].

BITKOM Bundesverband Informationswirtschaft, Telekommunikation und neue Medien e.V. (Hrsg.): Arbeit 3.0, Arbeiten in der digitalen Welt, Stand: 2013, https://www.bitkom.org/noindex/Publikationen/2013/Studien/Studie-Arbeit-3-0/Studie-Arbeit-30.pdf (letzter Abruf 05.11.2016) [zitiert: BITKOM, Studie zu Arbeiten in der digitalen Welt].

Böhme-Neßler, Volker: Unscharfes Recht, Überlegungen zur Relativierung des Rechts in der digitalisierten Welt, Duncker & Humblot GmbH, Berlin 2008 [zitiert: Böhme-Neßler, Unscharfes Recht].

Bundesministerium für Arbeit und Soziales (Hrsg.): Digitalisierung am Arbeitsplatz, Aktuelle Ergebnisse einer Betriebs- und Beschäftigtenbefragung, Stand: 01/2016, http://www.bmas.de/SharedDocs/Downloads/DE/PDF-

Publikationen/a875-monitor-digitalisierung-am-arbeitsplatz.pdf;jsessionid=BDAB0433B874568B2788010E52E16613?__blob=publicationFile&v=2 (letzter Abruf 06.11.2016) [zitiert: BMAS, Digitalisierung am Arbeitsplatz].

Bundesministerium für Arbeit und Soziales (Hrsg.): Mobiles und entgrenztes Arbeiten, Aktuelle Ergebnisse einer Betriebs- und Beschäftigtenbefragung, Stand: 11/2015, http://www.bmas.de/SharedDocs/Downloads/DE/PDF-Publikationen/a873.pdf?__blob=publicationFile&v=2 (letzter Abruf 30.10.2016) [zitiert: BMAS, Mobiles und entgrenztes Arbeiten].

Bundesministerium für Arbeit und Soziales, Abteilung Grundsatzfragen des Sozialstaats, der Arbeitswelt und der sozialen Marktwirtschaft (Hrsg.): Grünbuch, Arbeiten 4.0, Stand: 04/2016, http://www.bmas.de/SharedDocs/Downloads/DE/PDF-Publikationen-DinA4/gruenbuch-arbeiten-vier-null.pdf;jsessionid=ACF3486BC93C13C83BCFA53427B7AA73?__blob=publicationFile&v=2 (letzter Abruf 04.11.2016) [zitiert: BMAS, Grünbuch Arbeiten 4.0].

Bundesministerium für Arbeit und Soziales, Abteilung Grundsatzfragen des Sozialstaats, der Arbeitswelt und der sozialen Marktwirtschaft (Hrsg.): Weissbuch, Arbeiten 4.0, Stand: 11/2016, http://www.bmas.de/SharedDocs/Downloads/DE/PDF-Publikationen/a883-weissbuch.pdf?__blob=publicationFile&v=4 (letzter Abruf 14.12.2016) [zitiert: BMAS, Weissbuch Arbeiten 4.0].

Bundesministerium für Wirtschaft und Energie (Hrsg.): Industrie 4.0 und Digitale Wirtschaft, Impulse für Wachstum, Beschäftigung und Innovation, Stand: 04/2015, https://www.bmwi.de/BMWi/Redaktion/PDF/I/industrie-4-0-und-digitale-wirtschaft,property=pdf,bereich=bmwi2012,sprache=de,rwb=true.pdf (letzter Abruf 05.11.2016) [zitiert: BMWi, Industrie 4.0 und Digitale Wirtschaft].

Bundesverband der Arbeitsrechtler im Unternehmen (Hrsg.): BVAU-Positionen, Erste Eckpunkte für eine praktikable Anwendung des Arbeitszeitgesetzes, Stand: 08/2015, http://www.bvau.de/files/Daten/content/Dokumente/BVAU_Eckpunkte%20Arbeitszeit_August%202015.pdf (letzter Abruf 23.11.2016) [zitiert: BVAU-Positionspapier].

Buschmann, Rudolf/Ulber, Jürgen: Arbeitszeitgesetz, Basiskommentar mit Nebengesetzen und Europäischem Recht, 8. Auflage 2015, Bund-Verlag GmbH, Frankfurt am Main 1994 [zitiert: Buschmann/Ulber].

Compensis, Ulrike: Vertrauensarbeitszeit – arbeitnehmerbestimmte Arbeitszeit (auch) im Arbeitgeberinteresse, NJW 2007, 3089–3093 [zitiert: Compensis, NJW 2007].

Däubler, Wolfgang: Herausforderungen für das Arbeitsrecht – Deregulierung, Globalisierung, Digitalisierung, AuR 2016, 325–334 [zitiert: Däubler, AuR 2016].

Däubler, Wolfgang: Internet und Arbeitsrecht, Web 2.0, Social Media und Crowdwork, 5. Auflage 2015, Bund-Verlag GmbH, Frankfurt am Main 2015 [zitiert: Däubler, Internet und Arbeitsrecht].

Däubler, Wolfgang/Hjort, Jens Peter/Schubert, Michael/Wolmerath, Martin (Hrsg.): Arbeitsrecht, Individualarbeitsrecht mit kollektivrechtlichen Bezügen, Handkommentar, 3. Auflage 2013, Nomos Verlagsgesellschaft, Baden-Baden 2013 [zitiert: *Bearbeiter* in Däubler et al., AR].

Dengel, Andreas/Welf, Schröter (Hrsg.): Flexibilisierung der Arbeitskultur, Infrastrukturen der Arbeit im 21. Jahrhundert, Talheimer Verlag, Mössingen-Talheim 1997 [zitiert: *Bearbeiter* in Dengel/Schröter, Flexibilisierung der Arbeitskultur].

Dostal, Werner: Die Informatisierung der Arbeitswelt - Multimedia, offene Arbeitsformen und Telearbeit, MittAB 1995, 527–543 [zitiert: Dostal, MittAB 1995].

Eisenbahn- und Verkehrsgewerkschaft (Hrsg.): Stellungnahme der Eisenbahn- und Verkehrsgewerkschaft (EVG) zum Grünbuch Arbeiten 4.0 des Bundesministeriums für Arbeit und Soziales, Arbeit 4.0 – der Mensch im Mittelpunkt, Stand: 2015, http://www.arbeitenviernull.de/dialogprozess/fachdialog/stellungnahmen/eisenbahn-und-verkehrsgewerkschaft-evg.html (letzter Abruf 06.01.2017) [zitiert: EVG, Stellungnahme zum Grünbuch Arbeiten 4.0].

Falder, Roland: Immer erreichbar – Arbeitszeit und Urlaubsrecht in Zeiten des technologischen Wandels, NZA 2010, 1150–1157 [zitiert: Falder, NZA 2010].

Forst, Gerrit: Null-Stunden-Verträge, NZA 2014, 998–1002 [zitiert: Forst, NZA 2014].

Franzen, Martin/Gallner, Inken/Oetker, Hartmut (Hrsg.): Kommentar zum Europäischen Arbeitsrecht, 1. Auflage 2016, Verlag C.H. Beck oHG, München 2016 [zitiert: *Bearbeiter* in Franzen/Gallner/Oetker, Kommentar z. Europ. AR].

Funken, Christiane/Schulz-Schaeffer, Ingo (Hrsg.): Digitalisierung der Arbeitswelt, Zur Neuordnung formaler und informeller Prozesse in Unternehmen, VS Verlag für Sozialwissenschaften/GWV Fachverlage GmbH, Wiesbaden 2008 [zitiert: *Bearbeiter* in Funken/Schulz-Schaeffer, Digitalisierung der Arbeitswelt].

Gaul, Björn: Leistungsdruck, psychische Belastungen & Stress, DB 2013, 60–65 [zitiert: Gaul, DB 2013].

Giese, Gudrun: Abschalten gegen Dauerstress, AiB 2014, 64 - 66 [zitiert: Giese, AiB 2014].

Giesen, Richard/Junker, Abbo/Rieble, Volker (Hrsg.): Industrie 4.0 als Herausforderung des Arbeitsrechts, 7. ZAAR-Tagung 2016, Band 39, ZAAR Verlag, München 2016 [zitiert: *Bearbeiter* in Giesen/Junker/Rieble, Industrie 4.0 als Herausforderung des Arbeitsrechts].

Greifenstein, Ralph: Unterwegs in die digitale Arbeitswelt, Reihe „Wirtschaftspolitische Diskurse" Nr. 100, hrsg. v. Forschungsinstitut der Friedrich-Ebert-Stiftung, Abteilung Wirtschaftspolitik, Bonn 1997 [zitiert: Greifenstein, Unterwegs in die digitale Arbeitswelt].

Greiner, Stefan: Institutioneller Schutz und individueller Freiraum – Die Novellierung der Sonn- und Feiertagsarbeit nach dem Urteil des BVerwG vom 26.11.2014, ZfA 2015, 469–514 [zitiert: Greiner, ZfA 2015].

Günther, Jens/Boglmüller, Matthias: Arbeitsrecht 4.0 – Arbeitsrechtliche Herausforderungen in der vierten industriellen Revolution, NZA 2015, 1025–1031 [zitiert: Günther/Böglmüller, NZA 2015].

Hanau, Hans: Schöne digitale Arbeitswelt?, NJW 2016, 2613–2617 [zitiert: Hanau, NJW 2016].

Hatje, Armin/Müller-Graff, Peter-Christian (Gesamthrsg.): Enzyklopädie Europarecht, Band 7, Europäisches Arbeits- und Sozialrecht, hrsg. v. Schlachter, Monika/Heinig, Hans Michael, Nomos Verlagsgesellschaft, Baden-Baden 2016, [zitiert: *Bearbeiter* in EnzEuR].

Henssler, Martin/Willemsen, Heinz Josef/Kalb, Heinz-Jürgen (Hrsg.): Arbeitsrecht Kommentar, 7. Auflage 2016, Verlag Dr. Otto Schmidt KG, Köln 2016 [zitiert: *Bearbeiter* in Henssler/Willemsen/Kalb, AR Kommentar].

Herms, Sascha: Anmerkungen zum Urteil des BAG: Dauerndes Überschreiten der durchschnittlichen wöchentlichen Arbeitszeit - Werkfeuerwehr, BB 2011, 506–510 [zitiert: Herms in Kommentierung zu BAG, Urt. v. 23.06.2010–10 AZR 543/09, BB 2011].

Hess, Thomas: Digitalisierung, Beitrag in Enzyklopädie der Wirtschaftsinformatik – Online-Lexikon, 8. Auflage 2014, hrsg. v. Gronau, Norbert/Becker, Jörg/Sinz, Elmar J./Suhl, Leena/Leimeister, Jan Marco, Stand: 23.11.2016 9:25 Uhr, http://www.enzyklopaedie-der-wirtschaftsinformatik.de/lexikon/technologien-methoden/Informatik--Grundlagen/digitalisierung/index.html/?searchterm=Digitalisierung (letzter Abruf 03.12.2016) [zitiert: *Hess* in Gronau et al., Digitalisierung].

Hirsch-Kreinsen, Hartmut/Ittermann, Peter/Niehaus, Jonathan (Hrsg.): Digitalisierung industrieller Arbeit, Die Vision Industrie 4.0 und ihre sozialen Herausforderungen, Nomos Verlagsgesellschaft, Baden-Baden 2015 [zitiert: *Bearbeiter* in Hirsch-Kreinsen/Ittermann/Niehaus, Digitalisierung industrieller Arbeit].

Industriegewerkschaft Bergbau, Chemie, Energie (Hrsg.): Stellungnahme zum Grünbuch Arbeiten 4.0, Stand: 10/2015, http://www.arbeitenviernull.de/dialogprozess/fachdialog/stellungnahmen/ig-bce.html (letzter Abruf 06.01.2017) [zitiert: IG BCE, Stellungnahme zum Grünbuch Arbeiten 4.0].

Jacobs, Matthias: Reformbedarf im Arbeitszeitrecht, NZA 2016, 733–737 [zitiert: Jacobs, NZA 2016].

Kamann, Jannis: Arbeitsvertragliche Gestaltung von Telearbeitsverhältnissen, ArbRAktuell 2016, 75–78 [zitiert: Kamann, ArbRAktuell 2016].

Kappus, Matthias: Rechtsfragen der Telearbeit, Schriften zum Wirtschafts-, Arbeits- und Sozialrechts, Band 35, R.v. Decker & C.F. Müller Verlagsgesellschaft mbH, Heidelberg 1986 [zitiert: Kappus, Rechtsfragen der Telearbeit].

Kienbaum (Hrsg.): Was motiviert die Generation Y im Arbeitsleben?, Studie der Motivationsfaktoren der jungen Arbeitnehmergeneration im Vergleich zur Wahrnehmung dieser Generation durch ihre Manager, Stand: 2009/2010, http://www.kienbauminstitut-ism.de/fileadmin/user_data/veroeffentlichungen/Kienbaum_Studie_Generation_Y_2009_2010.pdf (letzter Abruf 03.12.2016) [zitiert: Kienbaum-Studie].

Kilian, Wolfgang/Borsum, Wolfgang/Hoffmeister, Uwe: Telearbeit und Arbeitsrecht, Band 139, Forschungsbericht hrsg. v. Bundesminister für Arbeit und Sozialordnung, Referat Öffentlichkeitsarbeit, Bonn 1986 [zitiert: Kilian/Borsum/Hoffmeister, Telearbeit und Arbeitsrecht].

Kivimäki, Mika et al. (Hrsg.): Long working hours and risk of coronary heart disease and stroke: a systematic review and meta-analysis of published and unpublished data for 603 838 individuals, Lancet 2015, Vol. 386, 1739–1746, Stand: 2015, http://www.thelancet.com/journals/lancet/article/PIIS0140-6736(15)60295-1/fulltext (letzter Abruf 06.12.2016) [zitiert: Kivimäki et al., Lancet 2015].

Kohte, Wolfhard: Arbeitsschutz in der digitalen Arbeitswelt, NZA 2015, 1417–1424 [zitiert: Kohte, NZA 2015].

Kramer, Stefan/Kiene, Wiebke: Arbeit auf Abruf – Spielräume bei der vertraglichen Gestaltung, ArbRAktuell 2010, 233 - 236 [zitiert: Kramer/Kiene, ArbRAktuell 2010].

Krause, Rüdiger: Digitalisierung der Arbeitswelt – Herausforderungen und Regelungsbedarf, Gutachten B zum 71. Deutschen Juristentag 2016, Band I,

B7 – B112, hrsg. v. Ständige Deputation des deutschen Juristentages, Verlag C.H. Beck oHG, München 2016 [zitiert: Krause, Digitalisierung der Arbeitswelt].

Krause, Rüdiger: Digitalisierung der Arbeitswelt – Herausforderungen und Regelungsbedarf, NJW – Beilage 2016, 33–36 [zitiert: Krause, NJW-Beil. 2016]. Derselbe Aufsatz ist auch in NZA 2016, 1004–1007 abgedruckt.

Leisner, Walter: Ladenöffnungsregelungen an Sonntagen, Antragsberechtigung einer Gewerkschaft nach § 47 VwGO?, NVwZ 2014, 921–925 [zitiert: Leisner, NVwZ 2014].

Lemke, Claudia/Brenner, Walter: Einführung in die Wirtschaftsinformatik, Band 1: Verstehen des digitalen Zeitalters, Springer Gabler, Berlin/Heidelberg 2015 [zitiert: Lemke/Brenner, Einführung in die Wirtschaftsinformatik].

Lenk, Thomas: Telearbeit, Möglichkeiten und Grenzen einer telekommunikativen Dezentralisierung von betrieblichen Arbeitsplätzen, Betriebswirtschaftliche Schriften, Heft 130, Duncker & Humblot GmbH, Berlin 1989 [zitiert: Lenk, Telearbeit].

Linnenkohl, Karl: Die Virtualisierung der Arbeitsbeziehungen, BB 1998, 45–50 [zitiert: Linnenkohl, BB 1998].

Lohmann-Haislah, Andrea: Stressreport Deutschland 2012, Psychische Anforderungen, Ressourcen und Befinden, hrsg. v. Bundesanstalt für Arbeitsschutz und Arbeitsmedizin, Stand: 2012, http://www.baua.de/de/Publikationen/Fachbeitraege/Gd68.pdf?__blob=publicationFile (letzter Abruf 12.11.2016) [zitiert: Lohmann-Haislah, Stressreport 2012].

Maier, Natalie/Ossoinig, Verena: Freizeit und Beruf – Rechtliche und technische Unterstützung der Work-Life-Balance, DB 2015, 2391–2396 [zitiert: Maier/Ossoinig, DB 2015].

Maschke, Manuela/Werner, Nils: Arbeiten 4.0 – Diskurs und Praxis in Betriebsvereinbarungen, Report Nr. 14 aus 2015, hrsg. v. Hans Böckler Stiftung, http://www.boeckler.de/pdf/p_mbf_report_2015_14.pdf (letzter Abruf: 19.10.2016) [zitiert: Maschke/Werner, Arbeit 4.0].

Müller-Glöge, Rudi/Preis, Ulrich/Schmidt, Ingrid (Hrsg.): Erfurter Kommentar zum Arbeitsrecht, Band 51, 17. Auflage 2017, Verlag C.H. Beck oHG, München 2017 [zitiert: *Bearbeiter* in ErfK].

Neumann, Dirk/Biebl, Josef (Hrsg.): Arbeitszeitgesetz Kommentar, 16. Auflage 2013, Verlag C.H. Beck oHG, München 2012 [zitiert: Neumann/Biebl].

Oberwetter, Christian: Burn-Out – Brauchen wir ein Anti-Stress-Gesetz?, ZRP 2015, 204–205 [zitiert: Oberwetter, ZRP 2015].

Preis, Ulrich/Sagan, Adam (Hrsg.): Europäisches Arbeitsrecht, Grundlagen - Richtlinien - Folgen für die deutsche Praxis, Verlag Otto Schmidt KG, Köln 2015 [zitiert: *Bearbeiter* in Preis/Sagan, Europ. AR].

Raif, Alexander/Nann, Philipp: Arbeitsrecht 4.0 – Möglichkeiten und Hürden in der digitalen Arbeitswelt, GWR 2016, 221–224 [zitiert: Raif/Nann, GWR 2016].

Reinhard, Barbara: Sonntags bleibt die Küche kalt, ArbRB 2012, 186–189 [zitiert: Reinhard, ArbRB 2012].

Ricken, Oliver: Arbeit im Sinne des Arbeitszeitrechts – Wann liegt bei welcher Tätigkeit Arbeitszeit vor?-, DB 2016, 1255–1260 [zitiert: Ricken, DB 2016].

Rieble, Volker: Mitbestimmung in komplexen Betriebs- und Unternehmensstrukturen, NZA-Beilage 2014, 28–30 [zitiert: Rieble, NZA-Beil. 2014].

Risak, Martin: Arbeiten in der Grauzone zwischen Arbeitszeit und Freizeit, ZAS 2013, 296–301 [zitiert: Risak, ZAS 2013].

Robert Bosch GmbH (Hrsg.): Stellungnahme zum Grünbuch Arbeit 4.0 des Bundesministeriums für Arbeit und Soziales, Stand: 11/2015, http://www.arbeitenviernull.de/dialogprozess/fachdialog/stellungnahmen/robert-bosch-gmbh.html (letzter Abruf am 06.01.2017) [zitiert: Bosch, Stellungnahme zum Grünbuch Arbeiten 4.0].

Roggendorff, Peter: Arbeitszeitgesetz, Erläuterte Textausgabe mit Einführung und amtlicher Begründung sowie ergänzende Rechtsvorschriften, Verlag Franz Rehm GmbH & Co.KG, München 1994 [zitiert: Roggendorff].

Rudolph, Wolf-Dieter: Ganztägige Erreichbarkeit von Arbeitnehmern mittels Smartphone, AiB 2012, 378–381 [zitiert: Rudolph, AiB 2012].

Säcker, Franz Jürgen/Rixecker, Roland/Oetker, Hartmut/Limperg, Bettina (Hrsg.): Münchener Kommentar zum Bürgerlichen Gesetzbuch, Band 4, 7. Auflage 2016, Verlag C.H Beck oHG, München 2016 [zitiert: *Bearbeiter* in MüKo].

Schaub, Günter (Hrsg.): Arbeitsrechts-Handbuch, Systematische Darstellung und Nachschlagewerk für die Praxis, 16. Auflage 2015, Verlag C.H. Beck oHG, München 2015 [zitiert: *Bearbeiter* in Schaub, AR-Handbuch].

Schirmer, Uwe: Selbstbestimmtes Arbeiten in der digitalen Arbeitswelt, NZA-Beil. 2016, 85–89 [zitiert: Schirmer, NZA-Beil. 2016].

Schlegel, Rainer: Grenzenlose Arbeit, NZA-Beilage 2014, 16–22 [zitiert: Schlegel, NZA-Beil. 2014].

Schliemann, Harald: Allzeit bereit – Bereitschaftsdienst und Arbeitsbereitschaft zwischen Europarecht, Arbeitszeitgesetz und Tarifvertrag, NZA 2004, 513 – 518 [zitiert: Schliemann, NZA 2004].

Schliemann, Harald: ArbZG, Kommentar zum Arbeitszeitgesetz mit Nebengesetzen, Kommentar, 2. Auflage 2013, Luchterhand Verlag, Köln 2013 [zitiert: Schliemann].

Schlottfeldt, Christian/Hoff, Andreas: „Vertrauensarbeitszeit“ und arbeitszeitrechtliche Aufzeichnungspflicht nach § 16 II ArbZG, NZA 2001, 530–533 [zitiert: Schlottfeldt/Hoff, NZA 2001].

Schubert, Jens/Jerchel, Kerstin: Handlungsspielräume für Tarifparteien und Interessensvertretungen bei der Arbeitszeitgestaltung, WSI Mitteilungen 2/2011, 76–82 [zitiert: Schubert/Jerchel, WSI Mitteilungen 2/2011].

Schuchart, Uta: Ständige Erreichbarkeit, Arbeitszeit light vs. Recht auf Unerreichbarkeit, AuR 2016, 341–343 [zitiert: Schuchart, AuR 2016].

Schuchart, Uta: Ständige Erreichbarkeit im Arbeitsverhältnis – Ist das Arbeitszeitgesetz noch zeitgemäß?, Beitrag in Neue Arbeitswelt, 3. Assistententagung im Arbeitsrecht 2013 in München, 175–210, hrsg. v. Latzel, Clemens/Picker, Christian, Mohr Siebeck, Tübingen 2014 [zitiert: Schuchart, Ständige Erreichbarkeit im Arbeitsverhältnis].

Schwarzbach, Marcus: Work around the clock? Industrie 4.0, die Zukunft der Arbeit und die Gewerkschaften, PapyRossa Verlags GmbH & Co. KG, Köln 2016 [zitiert: Schwarzbach, Work around the clock?].

Schwemmle, Michael/Wedde, Peter: Digitale Arbeit in Deutschland, Potenziale und Problemlagen, hrsg. v. Friedrich Ebert Stiftung, Politische Akademie Medienpolitik, Bonn 2012 [zitiert: Schwemmle/Wedde, Digitale Arbeit in Deutschland].

Steffan, Ralf: Arbeitszeit(recht) auf dem Weg zu 4.0, NZA 2015, 1409–1417 [zitiert: Steffan, NZA 2015].

Thannheiser, Achim: Mobile Endgeräte – Handy, Smartphone, Blackberry und Tablet, 3. Auflage 2014, hrsg. v. Hans-Böckler-Stiftung, Stand: 2014, http://www.boeckler.de/pdf/mbf_bvd_mobile_endgeraete_14.pdf (letzter Abruf 19.10.2016) [zitiert: Thannheiser, Mobile Endgeräte].

Thüsing, Gregor: Digitalisierung der Arbeitswelt – Impulse zur rechtlichen Bewältigung der Herausforderung gewandelter Arbeitsformen, SR 2016, 87–108 [zitiert: Thüsing, SR 2016].

Uffmann, Katharina: Digitalisierung der Arbeitswelt, Wie gestalten wir die notwendigen Veränderungen? NZA 2016, 977–984 [zitiert: Uffmann, NZA 2016].

Verdi (Hrsg.): Stellungnahme zum Grünbuch „Arbeiten 4.0.“ des Bundesministeriums für Arbeit und Soziales vom April 2015, Arbeiten 4.0: Gute digitale Arbeit, Stand: 10/2015, http://www.arbeitenviernull.de/dialogprozess/fachdialog/stellungnahmen/verdi.html (letzter Abruf 06.01.2017) [zitiert: Verdi, Stellungnahme zum Grünbuch Arbeiten 4.0].

Von Steinau-Steinrück, Robert: Smartphone versus Arbeitsrecht, NJW-Spezial 2012, 178–179 [zitiert: v. Steinau-Steinrück, NJW-Spezial 2012].

Wank, Rolf: Facetten der Arbeitszeit, RdA 2014, 285–290 [zitiert: Wank, RdA 2014].

Wedde, Peter: Digitalisierung der Arbeitswelt und Telearbeit – Keine Chance für das Arbeitsrecht?, RDV 1996, 5 - 7 [zitiert: Wedde, RDV 1996].

Wedde, Peter: Telearbeit und Arbeitsrecht, Schutz der Beschäftigten und Handlungsmöglichkeiten des Betriebsrates, Bund-Verlag GmbH, Köln 1986 [zitiert: Wedde, Telearbeit und Arbeitsrecht].

Wiebauer, Bernd: Arbeitsschutz und Digitalisierung, NZA 2016, 1430–1436 [zitiert: Wiebauer, NZA 2016].

Wirtz, Andreas: Gestaltungsmöglichkeiten bei der Verlängerung der täglichen Arbeitszeit nach dem ArbZG, BB 2014, 1397–1401 [zitiert: Wirtz, BB 2014].

Wisskirchen, Gerlind/ Schiller, Jan Peter: Aktuelle Problemstellungen im Zusammenhang mit „Bring Your Own Device" – Wenn der Arbeitnehmer sein privates Smartphone auch dienstlich nutzen möchte bzw. soll", DB 2015, 1163 - 1168 [zitiert: Wisskirchen/Schiller, DB 2015].

Wisskirchen, Gerlind/Bissels, Alexander/Domke, Carsten: BlackBerry & Co.: Was ist heute Arbeitszeit?, DB 2010, 2052–2055 [zitiert: Wisskirchen/Bissels/Domke, DB 2010].

Zentrum für Europäische Wirtschaftsforschung GmbH (Hrsg.): IKT-Report, Unternehmensbefragung zur Nutzung von Informations- und Kommunikationstechnologien, Stand: 10/2015, http://www.zew.de/fileadmin/FTP/div/IKTRep/IKT_Report_2015.pdf (letzter Abruf 04.11.2016) [zitiert: ZEW, IKT Report].

Zimmermann, Helmut: Arbeits- und strafrechtliche Folgen der Arbeitsleistung sog. High Potentials über die Grenzen der gesetzlichen Höchstarbeitszeit hinaus, AuR 2012, 7–10 [zitiert: Zimmermann, AuR 2012].

Zöll, Oliver/Kielkowski, Jacek: Arbeitsrechtliche Umsetzung von „Bring Your Own Device" (BYOD), BB 2012, 2625–2630 [zitiert: Zöll/Kielkowski, BB 2012].

Abkürzungsverzeichnis

a.A.	anderer Auffassung
Abs.	Absatz
AEUV	Vertrag über die Arbeitsweise der europäischen Union
AiB	Arbeitsrecht im Betrieb
AP	Arbeitsrechtliche Praxis – Nachschlagewerk des Bundesarbeitsgerichts
AR	Arbeitsrecht
ArbG	Arbeitsgericht
ArbRAktuell	Arbeitsrecht Aktuell
ArbRB	Arbeits-Rechtsberater
ArbZG	Arbeitszeitgesetz
Art.	Artikel
AuR	Arbeit und Recht
BAG	Bundesarbeitsgericht
BAGE	Sammlung der Entscheidungen des Bundesarbeitsgerichts
BayOLG	Bayrisches Oberlandesgericht
BB	Betriebsberater
BDA	Bundesvereinigung der deutschen Arbeitgeberverbände
BeckRs	Beck Rechtsprechung
Beil.	Beilage
Beschl. v.	Beschluss vom
BetrVG	Betriebsverfassungsgesetz
BGB	Bürgerliches Gesetzbuch
BITKOM	Bundesverband Informationswirtschaft, Telekommunikation und neue Medien e.V.
BMAS	Bundesministerium für Arbeit und Soziales
BMW	Bayerische Motoren Werke Aktiengesellschaft
BMWi	Bundesministerium für Wirtschaft und Energie
bspw.	beispielsweise
BT	Bundestag
BVAU	Bundesverband der Arbeitsrechtler im Unternehmen
BVerfG	Bundesverfassungsgericht

BVerfGE	Sammlung der Entscheidungen des Bundesverfassungsgerichts
BVerwG	Bundesverwaltungsgericht
BVerwGE	Sammlung der Entscheidungen des Bundesverwaltungsgerichts
BYOD	Bring your own device
bzw.	beziehungsweise
ca.	circa
DB	Der Betrieb
d.h.	das heißt
DJT	Deutscher Juristentag
Drs.	Drucksache
EG	Europäische Gemeinschaft
EGV	Vertrag zur Gründung der Europäischen Gemeinschaft
EnzEuR	Enzyklopädie Europarecht
ErfK	Erfurter Kommentar zum Arbeitsrecht
et al.	et alii (= und andere)
etc.	et cetera
EU	Europäische Union
EuGH	Europäischer Gerichtshof
europ.	europäisches
e.V.	eingetragener Verein
EVG	Eisenbahn- und Verkehrsgewerkschaft
EWGV	Vertrag zur Gründung der Europäischen Wirtschaftsgemeinschaft
f.	folgende
FAZ	Frankfurter Allgemeine Zeitung
ff.	fortfolgende
Fn.	Fußnote
gem.	gemäß
GG	Grundgesetz
ggf.	gegebenenfalls
GmbH	Gesellschaft mit beschränkter Haftung
GRC	Grundrechte Charta der Europäischen Union
GWR	Gesellschafts- und Wirtschaftsrecht

Hrsg.	Herausgeber
hrsg. v.	herausgegeben von
Hs.	Halbsatz
IG BCE	Industriegewerkschaft Bergbau, Chemie, Energie
IKT	Informations- und Kommunikationstechnologien
ILO	International Labour Organization (= Internationale Arbeitsorganisation)
i.S.d.	im Sinne des
i.V.m.	in Verbindung mit
KOM	Dokumente der Kommission der EG
Kommentar z. Europ. AR	Kommentar zum Europäischen Arbeitsrecht
KSchG	Kündigungsschutzgesetz
LAG	Landesarbeitsgericht
lit.	littera (= Buchstabe)
MittAB	Mitteilungen aus der Arbeitsmarkt- und Berufsforschung
MüKo	Münchener Kommentar
m.w.N.	mit weiteren Nachweisen
NJW	Neue Juristische Wochenschrift
NJW-Beil.	Neue Juristische Wochenschrift - Beilage
NJW-Spezial	Neue Juristische Wochenschrift - Spezial
Nr.	Nummer
NVwZ	Neue Zeitschrift für Verwaltungsrecht
NVwZ-RR	Neue Zeitschrift für Verwaltungsrecht – Rechtsprechungs-Report
NZA	Neue Zeitschrift für Arbeitsrecht
NZA-Beil.	Neue Zeitschrift für Arbeitsrecht-Beilage
NZA-RR	Neue Zeitschrift für Arbeitsrecht - Rechtsprechungs-Report
oHG	Offene Handelsgesellschaft
OLG	Oberlandesgericht
RdA	Recht der Arbeit
RDV	Recht der Datenverarbeitung
RL	Richtlinie
Rn.	Randnummer

Rs.	Rechtssache
S.	Satz
S.	Seite
Slg.	Sammlung
SR	Soziales Recht
TzBfG	Teilzeit- und Befristungsgesetz
u.a.	unter anderem
Unterabs.	Unterabsatz
Urt. v.	Urteil vom
usw.	und so weiter
v.	von
v.a.	vor allem
vgl.	vergleiche
Vol.	Volume (= Band)
VW	Volkswagen Aktiengesellschaft
WRV	Weimarer Reichsverfassung
WSI	Wirtschafts- und Sozialwissenschaftliches Institut der Hans-Böckler-Stiftung
z.	zum
ZAS	Zeitschrift für Arbeitsrecht und Sozialrecht
z.B.	zum Beispiel
ZEW	Zentrum für Europäische Wirtschaftsforschung GmbH
ZfA	Zeitschrift für Arbeitsrecht
ZRP	Zeitschrift für Rechtspolitik

A Einleitung

Wer kennt sie nicht, die Arbeitskonstellationen von heute und morgen: Mit dem Ausschalten des Smartphone-Weckers wird ein erster Blick in das E-Mail-Postfach geworfen, auf dem Weg zur Arbeit werden die für den Tag anstehenden Termine überprüft und am späten Abend wird am privaten Schreibtisch die nachmittags im Büro angefangene Präsentation am Laptop fertiggestellt.

Ob diese Arbeitskonstellationen auf den Arbeitnehmer befreiend oder belastend wirken, hängt unter anderem davon ab, ob sie durch ein Interesse des Arbeitnehmers zur Zeitsouveränität oder durch eine erhöhte Erwartungshaltung des Arbeitgebers begründet sind. So ist es in der zuletzt genannten Arbeitskonstellation bspw. möglich, dass der Arbeitnehmer die Präsentation am Abend fertigstellt, weil er hiermit eine Arbeitsleistung erbringt, die er eigentlich bereits am Nachmittag hätte erbringen sollen, dies aber nicht getan hat, da er seinen Arbeitsplatz verfrüht verlassen hat, um sich privaten Belangen, wie bspw. der Kinderbetreuung, zu widmen. Auf der anderen Seite kann der Arbeitnehmer die Präsentation am Abend aber auch deshalb bearbeiten, weil er es aufgrund eines zu hohen Arbeitsvolumens nicht geschafft hat, die Präsentation innerhalb seines vereinbarten Arbeitszeitrahmens fertigzustellen.

Unabhängig davon, welches Interesse hinter den Arbeitskonstellationen steht, zeigt sich, dass die Grenze zwischen Arbeit und Freizeit verstärkt verschwimmt und der mit einer klaren Abgrenzung verbundene klassische „Nine-to-Five-Job" immer mehr der Vergangenheit angehört. Begünstigt wird diese Entwicklung durch die voranschreitende Digitalisierung der Arbeitswelt mittels Informations- und Kommunikationstechnologien[13]. Nach einer Studie der ZEW aus dem Jahr 2015 arbeitete bereits 2014 ein Anteil von 49 % der befragten Arbeitnehmer an einem digitalen Arbeitsplatz. Dies

---

13 Informations- und Kommunikationstechnologien bezeichnen in Gänze alle hardware-, software- und netzwerktechnischen Produkte zur elektronischen Herstellung, Verarbeitung, Übertragung und Präsentation von Informationen, vgl. Lemke/Brenner, Einführung in die Wirtschaftsinformatik, S. 3.

ist im Vergleich zu 2010 ein Anstieg von fünf Prozentpunkten.[14] Aber auch die Nutzungsanzahl von mobilen Kommunikationsmitteln durch Arbeitnehmer zur Ergänzung der Arbeit am digitalen Arbeitsplatz hat sich verändert. Waren es 2010 noch 12 % der befragten Arbeitnehmer, die von ihrem Arbeitgeber mit mobilen Kommunikationsmitteln, wie Smartphones, Notebooks und Tablets ausgestattet wurden, so waren es 2014 bereits 23 %.[15] Auffällig ist hierbei, dass der Erhalt eines mobilen Kommunikationsmittels längst nicht mehr einem Führungskräfteprivileg entspricht. Auch andere Arbeitnehmer werden mit mobilen Kommunikationsmitteln ausgestattet.[16] Nach einer Umfrage des Softwareanbieters Symantec und des Personaldienstleisters Randstad greifen Arbeitnehmer mit einem mittleren Einkommen zwischen 2.000 Euro und 2.500 Euro pro Monat am häufigsten in ihrer Freizeit zu einem mobilen Kommunikationsmittel.[17] Eine aktuelle Studie des BMAS weißt für die Anzahl derjenigen Arbeitnehmer, die an einem digitalen Arbeitsplatz arbeiten, mit 83 % im Vergleich zu der ZEW-Studie sogar noch einen deutlich höheren Wert aus.[18]

Durch die Digitalisierung wird somit technisch ein Arbeiten an jedem Ort und zu jeder Zeit unterstützt. Gilt dies jedoch auch rechtlich? Unsere arbeitszeitrechtlichen Bestimmungen sind in ihrer ursprünglichen Konzeption nicht für ein grenzenloses Arbeiten geschaffen. Sie gehen vielmehr von der Erbringung der Arbeitsleistung an einem festgelegten Ort innerhalb eines abgegrenzten Zeitrahmens aus.[19] Fraglich ist somit, ob die arbeitszeitrechtlichen Bestimmungen de lege lata die mit der Digitalisierung ermöglichten

---

[14] ZEW, IKT-Report, S. 3.

[15] ZEW, IKT-Report, S. 3.

[16] Bissels/Meyer-Michaelis, DB 2015, 2331, 2332; Falder, NZA 2010, 1150, 1150; Gaul, DB 2013, 60, 60; Rudolph, AiB 2012, 378, 378 f.; Schuchart, Ständige Erreichbarkeit im Arbeitsverhältnis, 175, 177; Steffan, NZA 2015, 1409, 1410; Wisskirchen/Bissels/Domke, DB 2010, 2052, 2052.

[17] Spiegel.de vom 13.07.2010, Umfrage - Jeder zweite Arbeitnehmer liest im Urlaub seine E-Mails, http://www.spiegel.de/wirtschaft/service/umfrage-jeder-zweite-arbeitnehmer-liest-im-urlaub-seine-e-mails-a-706268.html (letzter Abruf 09.11.2016).

[18] BMAS, Digitalisierung am Arbeitsplatz, S. 6 und 8.

[19] Raif/Nann, GWR 2016, 221, 223; Schuchart, Ständige Erreichbarkeit im Arbeitsverhältnis, 175, 181; Steffan, NZA 2015, 1409, 1415; Wiebauer, NZA 2016, 1430, 1434.

Arbeitskonstellationen noch sachgerecht erfassen, oder ob de lege ferenda ein Bedarf für Änderungen besteht. In diesem Zusammenhang sind auch Gestaltungsmöglichkeiten auf individual- und kollektivrechtlicher Ebene zu betrachten und mit der Frage zu versehen, ob mit diesen nicht den digitalen Arbeitskonstellationen adäquat begegnet werden kann.

Diese Fragen sollen in der nachfolgenden Untersuchung geklärt werden. Die Untersuchung konzentriert sich hierbei auf den rechtlichen Aspekt der Arbeitszeit in der digitalen Arbeitswelt. Zu Beginn der Untersuchung wird zunächst die Entwicklung der digitalen Arbeitswelt in ihren Grundzügen dargelegt. Daran anschließend werden die Interessen und Bedenken auf Arbeitnehmer- und Arbeitgeberseite in Bezug auf die Arbeitszeit in der digitalen Arbeitswelt in Kürze erörtert. Im Anschluss daran folgt der Schwerpunkt der Untersuchung: Das Arbeitszeitrecht wird auf de lege lata bestehende Problembereiche und etwaige Änderungsvorschläge de lege ferenda unter Berücksichtigung des europäischen Arbeitszeitrechts analysiert. Ergänzend werden auch individual- und kollektivrechtliche Gestaltungsmöglichkeiten zur Begegnung der Arbeitszeitprobleme betrachtet. Den Abschluss findet die Untersuchung in einem Fazit, dass Schlussfolgerungen aus den wesentlichen Aspekten der Untersuchung zieht.

B Die Entwicklung der digitalen Arbeitswelt

Das „unscharfe Schlagwort“[20] der Digitalisierung unterliegt in seiner Verwendung unterschiedlichen Ausprägungen.[21] In seiner technischen Ausprägung bezeichnet das Schlagwort der Digitalisierung, „[...] die Überführung von beliebigen analogen (kontinuierlichen) Informationen in binäre (diskrete) und damit elektronisch verarbeitungsfähige Informationen [...]“[22]. Von dieser ist die gesellschafts- bzw. arbeitsbezogene Ausprägung des Schlagwortes der Digitalisierung zu unterscheiden. Diese bezeichnet „den digitalen Wandel der Arbeitswelt durch den vermehrten Einsatz neuer Informations- und Kommunikationstechnologien“[23]. Letztere Ausprägung des Schlagwortes der Digitalisierung bildet den alleinigen Gegenstand dieser Untersuchung.

Das Phänomen der Digitalisierung der Arbeitswelt ist keineswegs neu.[24] Bereits in den 1980er Jahren wurden die Auswirkungen von Informations- und Kommunikationstechnologien auf die Arbeitswelt diskutiert.[25] Auch der Wandel zur Informationsgesellschaft wurde schon in den 1990er Jahren vorhergesagt.[26] Sogar die Terminologie „Digitalisierung der Arbeitswelt“ war bereits damals gebräuchlich.[27] Die Digitalisierung der Arbeitswelt ist somit

---

20 BT-Drs. 13/11004, S. 29.

21 Böhme-Neßler, Unscharfes Recht, S. 99 f.; *Hess* in Gronau et al., Digitalisierung; Krause, Digitalisierung der Arbeitswelt, B7, B7 Fn. 2; *Schulz-Schaffer/Funken* in Funken/Schulz-Schaffer, Digitalisierung der Arbeitswelt, 11, 15.

22 Krause, Digitalisierung der Arbeitswelt, B7, B7 Fn. 2.

23 BMAS, Glossar zum Dialogprozess Arbeiten 4.0 vom November 2016, https://www.arbeitenviernull.de/dialogprozess/gruenbuch/glossar.html (letzter Abruf 30.11.2016); vgl. hierzu auch Krause, Digitalisierung der Arbeitswelt, B7, B10 ff..

24 Krause, Digitalisierung der Arbeitswelt, B7, B7; *Wolf* in Giesen/Junker/Rieble, Industrie 4.0 als Herausforderung des Arbeitsrechts, 61, 62.

25 BT-Drs. 9/2442, S. 97–115; vgl. Kappus, Rechtsfragen der Telearbeit, S. 42 f.; Kilian/Borsum/Hoffmeister, Telearbeit und Arbeitsrecht, S. 56 ff.; Lenk, Telearbeit, S. 31 ff.; Wedde, Telearbeit und Arbeitsrecht, S. 44 ff..

26 BT-Drs. 13/11004, S. 48 - 61; KOM (96)389 endgültig, S. 1 ff..

27 Vgl. Dostal, MittAB 1995, 527, 527 ff.; Greifenstein, Unterwegs in die digitale Arbeitswelt, S. 7; Linnenkohl, BB 1998, 45, 45 ff.; *van Haaren/Schwemmle* in

nicht nur ein Zukunftsspiel, sie findet vielmehr bereits heute statt, wie die bereits eingangs erwähnten Studien[28] zeigen.

Jedoch, von Beginn an: Das heutige Schlagwort „Arbeit 4.0“ als Inbegriff der digitalen Arbeitswelt stützt sich terminologisch auf drei vorausgegangene Phasen der Arbeitsweltentwicklung. Diese können zeitlich an die Stufen der industriellen Revolution wie folgt angelehnt werden:

I Arbeit 1.0 bis Arbeit 3.0

Als erste Entwicklungsphase beschreibt das Schlagwort „Arbeit 1.0“ den am Ende des 18. Jahrhunderts liegenden Beginn der Industriegesellschaft.[29] Mit der Einführung der Dampfmaschine sowie erster mechanischer Produktionsanlagen veränderten sich die Produktionsprozesse und damit verbunden auch die Arbeitsorganisation.[30] Dem Menschen wurde zur Bewältigung seiner Arbeit erstmalig maschinelle Hilfe zur Verfügung gestellt; kurzum: Die körperliche Menschenkraft wurde durch Maschinen verstärkt und ersetzt.[31]

Zum Ende des 19. Jahrhunderts folgte im Anschluss an die erste Phase unter dem Schlagwort „Arbeit 2.0“ der Beginn der Massenproduktion.[32] Individuell menschliche Denkvorgänge und Verhaltensweisen wurden durch automatisierte Rechenprozesse angereichert und ersetzt.[33] Das Zusammenspiel zwischen Mensch und Maschine verdichtete sich.

Dengel/Schröter, Flexibilisierung der Arbeitskultur, S. 98; Wedde, RDV 1996, 5, 5.

28 Vgl. Kapitel *A. Einleitung*, S. 1 f., so auch Wiebauer, NZA 2016, 1430, 1430; *Wolf* in Giesen/Junker/Rieble, Industrie 4.0 als Herausforderung des Arbeitsrechts, 61, 62; in diese Richtung auch Schwemmle/Wedde, Digitale Arbeit in Deutschland, S. 17.

29 Bissels/Meyer-Michaelis, DB 2015, 2331, 2331; BMAS, Grünbuch Arbeiten 4.0, S. 34.

30 Bissels/Meyer-Michaelis, DB 2015, 2331, 2331; BMAS, Grünbuch Arbeiten 4.0, S. 34.

31 Krause, NJW-Beil. 2016, 33, 33.

32 Bissels/Meyer-Michaelis, DB 2015, 2331, 2331; BMAS, Grünbuch Arbeiten 4.0, S. 34; Schwarzbach, Work around the clock?, S. 12.

33 Krause, NJW-Beil. 2016, 33, 33.

Die im 20. Jahrhundert eingesetzte Informationstechnologie und Elektronik führte zu einer weiteren Automatisierung der Produktion.[34] Der Anteil an Dienstleistungen im Wirtschaftsgeschehen nahm zu und aufgrund der Europäisierung und der Globalisierung öffneten sich neue Märkte.[35] Ein schneller, grenzüberschreitender Austausch von Informationen gewann an Bedeutung. Die Digitalisierung der Arbeitswelt nahm somit unter dem Schlagwort „Arbeit 3.0“ ihren Lauf.[36]

II Arbeit 4.0

Das heutige Schlagwort „Arbeit 4.0“ ist an den viel diskutierten Begriff „Industrie 4.0“[37] angelehnt. „Industrie 4.0“ beschreibt die systematische Digitalisierung und Vernetzung aller Wertschöpfungsstufen, beginnend bei der Produktidee gefolgt von der Entwicklung und Fertigung bis hin zur Auslieferung und zum Recycling einschließlich der jeweiligen dazugehörigen Dienstleistung. [38] Man spricht in diesem Zusammenhang auch von der vierten industriellen Revolution.[39] Während der Begriff „Industrie 4.0“ vereinfacht gesprochen vordergründig den Produktionsfaktor Maschine betrachtet, konzentriert sich die Bezeichnung „Arbeit 4.0“ auf den Produktionsfaktor Mensch. Im April 2016 hat das BMAS das Grünbuch „Arbeiten 4.0“ veröffentlicht. Mit dem Grünbuch sollte ein breiter Dialog darüber angestoßen werden, wie in der zunehmend digitalisierten Arbeitswelt gearbeitet werden soll und welche Gestaltungsmöglichkeiten sich für die Sozial- und

---

34 Bissels/Meyer-Michaelis, DB 2015, 2331, 2331; BMAS, Grünbuch Arbeiten 4.0, S. 35; Schwarzbach, Work around the clock?, S. 12; Ausführlich zu den Informationstechnologien vgl. Krause, Digitalisierung der Arbeitswelt, B7, B11 ff..

35 Bissels/Meyer-Michaelis, DB 2015, 2331, 2331; BMAS, Grünbuch Arbeiten 4.0, S. 35.

36 Steffan, NZA 2015, 1409, 1410.

37 Bissels/Meyer-Michaelis, DB 2015, 2331, 2331; Günther/Böglmüller, NZA 2015, 1025, 1025; Kohte, NZA 2015, 1417, 1418; Krause, NJW-Beil. 2016, 33, 33.

38 BMWi, Industrie 4.0 und Digitale Wirtschaft, S. 3 f.; ebenso Kohte, NZA 2015, 1417, 1418; Krause, NJW-Beil. 2016, 33, 33; ähnlich Bissels/Meyer-Michaelis, DB 2015, 2331, 2331.

39 Günther/Böglmüller, NZA 2015, 1025, 1025; Kohte, NZA 2015, 1417, 1418; Steffan, NZA 2015, 1409, 1409.

Betriebspartner als auch für die Politik selbst eröffnen.[40] Die Ergebnisse dieses Dialoges sind mit dem im November 2016 veröffentlichten Weissbuch zusammengetragen worden. Diese verdeutlichen, dass sich das Tempo und das Ausmaß der bereits bekannten Entwicklung der Digitalisierung noch einmal zu verstärken scheinen.[41] In welche genaue Richtung sich die Arbeitswelt unter „Arbeit 4.0" entwickeln wird, ist heute jedoch noch nicht vorhersehbar. Zu berücksichtigen ist allerdings, dass die Entwicklung der Arbeitswelt nicht allein von dem technischen Fortschritt bestimmt wird.[42] Zwar eröffnet der technische Fortschritt für die einzelnen Akteure des Wirtschafts- und Arbeitslebens Handlungsspielräume, wie diese genutzt werden hängt jedoch von den Interessen der Akteure und des bestehenden institutionellen Rahmens ab.[43] Einigkeit besteht in der Literatur jedoch bereits heute dahingehend, dass Veränderungen der Arbeitsleistung insbesondere im Hinblick auf die Faktoren der Arbeitszeit, des Arbeitsgegenstandes und des Arbeitsortes stattfinden werden.[44]

1 Arbeitsort

Betrieblich vorgegebene Strukturen mit einem festen Arbeitsort werden zukünftig an Bedeutung verlieren.[45] Dies gilt insbesondere für den Dienstleistungssektor, der für einen immer größer werdenden Teil der Wertschöpfung

---

[40] BMAS, Grünbuch Arbeiten 4.0, S. 9.

[41] BMAS, Weissbuch Arbeiten 4.0, S. 128; IG BCE, Stellungnahme zum Grünbuch Arbeiten 4.0, S. 2; Krause, Digitalisierung der Arbeitswelt, B7, B8 f..

[42] BMAS, Weissbuch Arbeiten 4.0, S. 43; Krause, Digitalisierung der Arbeitswelt, B7, B9; Maier/Ossoinig, DB 2015, 2391, 2391; ferner *Hirsch-Kreinsen* in Hirsch-Kreinsen/Ittermann/Niehaus, Digitalisierung industrieller Arbeit, 9, 13.

[43] Günther/Böglmüller, NZA 2015, 1025, 1026; Krause, Digitalisierung der Arbeitswelt, B7, B9; in diese Richtung auch BMAS, Weissbuch Arbeiten 4.0, S. 5.

[44] *Franzen* in Giesen/Junker/Rieble, Industrie 4.0 als Herausforderung des Arbeitsrechts, 107, 109; Uffmann, NZA 2016, 977, 978; In Ansätzen Günther/Böglmüller, NZA 2015, 1025, 1026; Jacobs, NZA 2016, 733, 733; Raif/Nann, GWR 2016, 221, 221; Steffan, NZA 2015, 1409, 1409.

[45] *Franzen* in Giesen/Junker/Rieble, Industrie 4.0 als Herausforderung des Arbeitsrechts, 107, 109; Günther/Böglmüller, NZA 2015, 1025, 1026; Hanau, NJW 2016, 2613, 2614; Jacobs, NZA 2016, 733, 733; Schirmer, NZA-Beil. 2016, 85, 86; Steffan, NZA 2015, 1409, 1409; Wiebauer, NZA 2016, 1430, 1430; Wisskirchen/Bissels/Domke, DB 2010, 2052, 2052.

und der Beschäftigung steht.[46] Begründet werden kann der Bedeutungsverlust des Arbeitsortes zum einen mit der Digitalisierung geförderten Globalisierung, die ein grenzenloses Arbeiten aufgrund weltweiter Vernetzung seit Jahren voranschreiten lässt, zum anderen aber auch mit der immer weiter steigenden Leistungskraft von mobilen Kommunikationsmitteln, die ein ortsunabhängiges Arbeiten im nationalen unternehmerischen Rahmen begünstigen.[47] Dies bestätigt bereits die heutige Anzahl der im Home-Office beschäftigten Arbeitnehmer. Fast jeder zweite Arbeitnehmer arbeitet ab und zu von zu Hause aus.[48] Ein Drittel aller Arbeitnehmer arbeitet sogar schon regelmäßig im Home-Office, 21 % täglich und 10 % an mehreren Tagen die Woche.[49]

2 Arbeitsgegenstand

Auch der Arbeitsgegenstand wird sich verändern. Die Arbeitsleistung von Morgen wird vermehrt in Projektarbeiten erbracht werden.[50] In diesem Zusammenhang kursiert in der Literatur insbesondere der Begriff des „Crowdworking“[51]. Crowdworking bezeichnet eine digitale Form des Outsourcings, bei der Unternehmen einzelne Projekte oder Arbeitsaufgaben über eine webbasierte Plattform ausschreiben.[52] Diese Entwicklung wird insbesondere aufgrund einer damit unter Umständen verbundenen Dezentralisierung der Entscheidungsprozesse im Unternehmen kritisch betrachtet.[53]

---

46 BMAS, Weissbuch Arbeiten 4.0, S. 133; Krause, NJW-Beil. 2016, 33, 33; Steffan, NZA 2015, 1409, 1409; Verdi, Stellungnahme zum Grünbuch Arbeiten 4.0, S. 1.

47 *Franzen* in Giesen/Junker/Rieble, Industrie 4.0 als Herausforderung des Arbeitsrechts, 107, 109; Maier/Ossoinig, DB 2015, 2391, 2391; so auch ferner Jacobs, NZA 2016, 733, 733; Wisskirchen/Bissels/Domke, DB 2010, 2052, 2052.

48 BITKOM, Studie zu Arbeiten in der digitalen Welt, S. 9.

49 BITKOM, Studie zu Arbeiten in der digitalen Welt, S. 9.

50 *Franzen* in Giesen/Junker/Rieble, Industrie 4.0 als Herausforderung des Arbeitsrechts, 107, 109; Krause, Digitalisierung der Arbeitswelt, B7, B19.

51 BMAS, Weissbuch Arbeiten 4.0, S. 58; Günther/Böglmüller, NZA 2015, 1025, 1029; Krause, Digitalisierung der Arbeitswelt, B7, B20; Krause, NJW-Beil. 2016, 33, 36; Schwarzbach, Work around the clock?, S. 28.

52 Günther/Böglmüller, NZA 2015, 1025, 1029.

53 In diese Richtung Günther/Böglmüller, NZA 2015, 1025, 1027; Rieble, NZA-Beil. 2014, 28, 29.

Darüber hinaus ist auch eine nachhaltige Veränderung der Anforderungs- und Aufgabenprofile vieler Arbeitnehmer zu erwarten.[54] Die Entwicklung von einer Industrie- zu einer Dienstleistungsgesellschaft bedeutet einen Rückgang von ausführenden Tätigkeiten und eine Vermehrung von Planungs- und Organisationstätigkeiten, so dass Bildung im digitalen Bereich einer der Schlüsselfaktoren in den kommenden Jahren sein wird.[55]

3 Arbeitszeit

Der Zeitpunkt der Erbringung der Arbeitsleistung wird insbesondere im Dienstleistungssektor, wie auch der Arbeitsort, an Bedeutung verlieren.[56] Dies schafft Freiräume für eine Flexibilisierung der Arbeitszeit, birgt jedoch auch die Gefahr einer Entgrenzung der Arbeit.[57] Die Entgrenzung bezeichnet das Verschwimmen der Grenze zwischen Arbeit und Freizeit. So ist z.B. bereits heute das Abrufen von E-Mails in der Freizeit sowie die ständige Erreichbarkeit des Arbeitnehmers häufig Standard.

Mit Blick in das verarbeitende Gewerbe ist, unter Rückkoppelung an die unter Industrie 4.0 vorangetriebene Vernetzung zwischen Mensch und Maschine, aber auch der gegenteilige Effekt denkbar. Produktionsprozesse können eine ganz genaue zeitliche Taktung vorgeben, an der sich die

---

54 Günther/Böglmüller, NZA 2015, 1025, 1026; Schwarzbach, Work around the clock?, S. 14.

55 Arbeitnehmerkammer Bremen, Stellungnahme zum Grünbuch Arbeiten 4.0, S. 10; BMAS, Weissbuch Arbeiten 4.0, S. 98; Bosch, Stellungnahme zum Grünbuch Arbeiten 4.0, S. 10; EVG, Stellungnahme zum Grünbuch Arbeiten 4.0, S. 8; Günther/Böglmüller, NZA 2015, 1025, 1026; *Hammermann/Klös* in Giesen/Junker/Rieble, Industrie 4.0 als Herausforderung des Arbeitsrechts, 77, 90; Krause, Digitalisierung der Arbeitswelt, B7, B27; Krause, NJW-Beil. 2016, 33, 36; Schwarzbach, Work around the clock?, S. 27; Thüsing, SR 2016, 87, 90 f.; *Wolf* in Giesen/Junker/Rieble, Industrie 4.0 als Herausforderung des Arbeitsrechts, 61, 63.

56 BMAS, Weissbuch Arbeiten 4.0, S. 133; *Franzen* in Giesen/Junker/Rieble, Industrie 4.0 als Herausforderung des Arbeitsrechts, 107, 109; so auch Günther/Böglmüller, NZA 2015, 1025, 1026; Hanau, NJW 2016, 2613, 2614; Jacobs, NZA 2016, 733, 733; Steffan, NZA 2015, 1409, 1409; Wiebauer, NZA 2016, 1430, 1430.

57 Vgl. Kapitel *C. Flexibilisierung der Arbeitszeit versus Gesundheitsschutz*, S. 8 ff..

menschliche Tätigkeit ausrichten muss, so dass der Zeitpunkt der Erbringung der Arbeitsleistung an Bedeutung gewinnen kann.[58]

III Zusammenfassung

Zusammenfassend kann festgehalten werden, dass die Digitalisierung der Arbeitswelt nicht erst seit heute stattfindet. Eine Veränderung ist unter Arbeit 4.0 dennoch spürbar, denn das Tempo und das Ausmaß der Digitalisierung scheinen sich noch einmal zu verstärken. Eine genaue Prognose, in welche Richtung sich die Arbeitswelt unter Einfluss der Digitalisierung entwickeln wird, ist derzeit nicht möglich. Übereinstimmung gibt es jedoch darin, dass insbesondere der Arbeitsort und der Arbeitsgegenstand sowie die Arbeitszeit Veränderungen unterliegen werden. In der folgenden Untersuchung wird der Aspekt der Arbeitszeit und deren rechtliche Ausgestaltung unter die Lupe genommen. Dabei liegt der Fokus auf Arbeitnehmern aus dem Dienstleistungssektor, die eine gewisse Flexibilität in der Arbeitszeitgestaltung vorweisen. Arbeitnehmer wie bspw. aus dem produzierenden Gewerbe, bei denen zeitlich strikt vorgegebene und limitierte Arbeitszeiten sowie nicht selten ständige Wechsel zwischen Tages- und Nachtarbeitsschichten bestehen, bleiben aufgrund einer verringerten Problembildung unberücksichtigt.

---

[58] *Franzen* in Giesen/Junker/Rieble, Industrie 4.0 als Herausforderung des Arbeitsrechts, 107, 109.

C Flexibilisierung der Arbeitszeit versus Gesundheitsschutz

Mit der Entwicklung der digitalen Arbeitswelt zeigt sich, dass sowohl auf Arbeitnehmer- als auch auf Arbeitgeberseite ein Interesse zur Flexibilisierung der Arbeitszeit besteht, das unter gesundheitlichen Aspekten allerdings auch auf bestimmte Bedenken stößt. Beide Ausprägungen werden im Nachfolgenden kurz erörtert.

I Arbeitnehmerseite

Auf Arbeitnehmerseite steht v.a. die mit einer Zeitsouveränität zu erreichende Vereinbarkeit von beruflichen Anforderungen und familiären oder sonstigen privaten Belangen im Vordergrund.[59] Bereits heute ist nachgewiesen, dass die Möglichkeit einer flexiblen Alltagsgestaltung und einer damit verbesserten Work-Life-Balance zu einer erhöhten Zufriedenheit bei den Arbeitnehmern führt.[60] Dies gilt nicht nur für Arbeitnehmer mit Kindern.[61] So wird z.B. das Abarbeiten von Aufgaben in der Freizeit sowie das sich selbst auf dem neusten Stand halten bspw. durch Abrufen von E-Mails im Urlaub von einem Teil der Arbeitnehmer als entlastend empfunden.[62] Für

---

59 Baeck/Deutsch, § 1 ArbZG Rn. 12; Bissels/Meyer-Michaelis, DB 2015, 2331, 2332; BMAS, Weissbuch Arbeiten 4.0, S. 115; Gaul, DB 2013, 60, 60; Jacobs, NZA 2016, 733, 734; Krause, Digitalisierung der Arbeitswelt, B7, B30 f.; Krause, NJW-Beil. 2016, 33, 33; Maier/Ossoinig, DB 2015, 2391, 2391; Neumann/Biebl, § 1 ArbZG Rn. 4; Raif/Nann, GWR 2016, 221, 221; Schlegel, NZA-Beil. 2014, 16, 20; Schuchart, Ständige Erreichbarkeit im Arbeitsverhältnis, 175, 184; Schwemmle/Wedde, Digitale Arbeit in Deutschland, S. 38; Steffan, NZA 2015, 1409, 1411; Wisskirchen/Bissels/Domke, DB 2010, 2052, 2052; *Wolf* in Giesen/Junker/Rieble, Industrie 4.0 als Herausforderung des Arbeitsrechts, 61, 63.

60 BITKOM, Studie zu Arbeiten in der digitalen Welt, S. 11.

61 Jacobs, NZA 2016, 733, 734.

62 Krause, Digitalisierung der Arbeitswelt, B7, B31.

manche Arbeitnehmer ist die Flexibilität in der Arbeitszeit sogar mit Identitäts- und Statusgewinnen verbunden.[63] Auch die Möglichkeit einer schnellen Abarbeitung von Arbeitsaufgaben aufgrund einer raschen Zulieferung von Arbeitsergebnissen seitens der Kollegen wird zunehmend von den Arbeitnehmern begrüßt.[64]

Auf der anderen Seite stehen dem Interesse der Flexibilisierung aber auch gesundheitliche Bedenken einer für den Arbeitnehmer gefährlichen Entgrenzung der Arbeit gegenüber[65], wobei zwischen einer inneren und einer äußeren Entgrenzung zu differenzieren ist.

Die innere Entgrenzung bezeichnet das Vergessen von regelmäßigen Pausen während der Arbeitszeit.[66] Innerhalb einer Befragung für den Stressreport 2012 beantworteten 26 % der befragten Arbeitnehmer die Frage, ob es innerhalb eines Arbeitstages von mehr als sechs Stunden häufig vorkomme, dass Pausen ausfallen würden, positiv. Begründet wurde das „Vergessen" der Pausen zum einen damit, dass Pausen nicht in den Arbeitsablauf passen würden (47 %), zum anderen aber auch damit, dass eine zu hohe Arbeitsbelastung bestehen würde (38 %). Nur 15 % der befragten Arbeitnehmer gaben an, dass sie keine Pause machen möchten.[67]

Die äußere Entgrenzung hingegen bezeichnet das Arbeiten außerhalb der regulären Arbeitszeit in der Freizeit und die sich dadurch gegenseitig bedingende ständige Erreichbarkeit des Arbeitnehmers.[68] Nach einer aktuellen Studie des BMAS nehmen ca. 15 % der befragten Arbeitnehmer nach

---

63 Schlegel, NZA-Beil. 2014, 16, 20; Schuchart, Ständige Erreichbarkeit im Arbeitsverhältnis, 175, 178 Fn. 13.

64 Krause, Digitalisierung der Arbeitswelt, B7, B31.

65 Bissels/Meyer-Michaelis, DB 2015, 2331, 2332; BMAS, Weissbuch Arbeiten 4.0, S. 116 f.; Däubler, Internet und Arbeitsrecht, S. 110; Jacobs, NZA 2016, 733, 734; Kohte, NZA 2015, 1417, 1418; Krause, Digitalisierung der Arbeitswelt, B7, B31; Maier/Ossoinig, DB 2015, 2391, 2391 f.; Schlegel, NZA-Beil. 2014, 16, 20; Schwemmle/Wedde, Digitale Arbeit in Deutschland, S. 42 ff.; Steffan, NZA 2015, 1409, 1409.

66 Kohte, NZA 2015, 1417, 1422.

67 Lohmann-Haislah, Stressreport 2012, S. 51.

68 Kohte, NZA 2015, 1417, 1422.

Dienstschluss Arbeit mit nach Hause.[69] Fast drei Viertel dieser Arbeitnehmer erhalten für die Arbeit in ihrer Freizeit weder eine finanzielle Vergütung noch einen Freizeitausgleich.[70] Im Hinblick auf die ständige Erreichbarkeit der Arbeitnehmer hat die Studie des BMAS ergeben, dass 5 % der befragten Arbeitnehmer „jeden Tag", 15 % „einige Male pro Woche", 20 % „einige Male im Monat", 25 % „einige Male im Jahr" und 35 % „nie" in ihrer Freizeit für dienstliche Belange per Telefon oder E-Mail erreichbar sind. Interessant ist hierbei, dass die Anzahl derjenigen Arbeitnehmer, die „nie" in ihrer Freizeit für dienstliche Belange erreichbar sind, von 2013 auf 2015 um fünf Prozentpunkte gesunken ist.[71] Eine BITKOM-Studie aus dem Jahr 2013 nennt für die prinzipielle Erreichbarkeit der Arbeitnehmer außerhalb der regulären Arbeitszeit für Vorgesetzte, Kollegen und Kunden einen Wert von 78 % der befragten Arbeitnehmer, wobei davon 30 % „jederzeit", 32 % abends, nachts und am Wochenende sowie im Urlaub und 16 % „nur in Ausnahmefällen" zu erreichen sind.[72] Betrachtet man die betroffenen Freizeitphasen so wird deutlich, dass die Arbeitnehmer zu 30 % „abends unter der Woche", zu 11 % „auch am Wochenende", zu 6 % „nachts" und zu 3 % sogar „im Urlaub" erreichbar sind.[73]

Ein zusammenfassender Blick auf die Studien zeigt, dass die innere und äußere Entgrenzung zwar nicht alle, aber auch nicht nur wenige Arbeitnehmer betrifft. Eine Beschäftigung mit den gesundheitlichen Bedenken ist jedoch nicht zuletzt deshalb angezeigt, weil eine stetige Zunahme der betroffenen Arbeitnehmer anzunehmen ist.[74] Dies ist insbesondere im Hinblick auf fehlende Regenerationszeiten der Arbeitnehmer problematisch, die in Konsequenz zu vermehrten Unruhezuständen sowie Schlaflosigkeit bis hin zu psychosomatischen Störungen führen können.[75] Zwar spielen für die Arbeits-

---

69 BMAS, Mobiles und entgrenztes Arbeiten, S. 9 f..

70 BMAS, Mobiles und entgrenztes Arbeiten, S. 9 f..

71 BMAS, Mobiles und entgrenztes Arbeiten, S. 11 f..

72 BITKOM, Studie zu Arbeiten in der digitalen Welt, S. 28.

73 BITKOM, Studie zu Arbeiten in der digitalen Welt, S. 29.

74 Für die äußere Entgrenzung bereits bestätigt vgl. BITKOM, Studie zu Arbeiten in der digitalen Welt, S. 30.

75 Jacobs, NZA 2016, 733, 734; Krause, Digitalisierung der Arbeitswelt, B7, B31; Schlegel, NZA-Beil. 2014, 16, 20; Schwarzbach, Work around the clock?, S. 8;

überlastung auch andere Faktoren wie bspw. das Arbeitsumfeld, die persönliche Disposition sowie das jeweilige Lebensumfeld des Arbeitnehmers neben der Arbeitszeit eine Rolle, dennoch ist eine Tendenz dahingehend zu erkennen, dass eine zeitlich übermäßige Ausdehnung der Arbeit in die eigentlichen Phasen der Erholung hinein das Risiko einer Störung des Wohlbefindens und der Gesundheit erhöht.[76] Dies gilt selbst für intrinsisch motivierte, leistungsstarke Arbeitnehmer, die in einem besonderen Maße der Gefahr einer Selbstausbeutung und Aufopferung für den Arbeitgeber unterliegen.[77] Flexible Arbeitszeiten stellen somit sehr hohe Anforderungen an die zeitliche Selbstorganisation der Arbeitnehmer, die leider nicht jeder Arbeitnehmer erfüllen kann.[78]

II Arbeitgeberseite

Auf Arbeitgeberseite steht die flexible Reaktionsmöglichkeit auf Veränderungen in digitalen und vernetzten Arbeitsprozessen im Vordergrund.[79] Es gilt der im Volksmund verbreitete Grundsatz: Zeit ist Geld. Die Entgrenzung der Arbeit kann somit durch das Arbeitgeberinteresse verstärkt werden. So erwarten 20 % der Arbeitgeber von ihren Arbeitnehmern „abends an Wochentagen“ eine Erreichbarkeit, 16 % „am Wochenende“, 4 % „im Urlaub“ und 9 % „jederzeit“.[80]

Es darf jedoch nicht unberücksichtigt bleiben, dass etwaige aus der Entgrenzung der Arbeit resultierenden psychischen Belastungen auch nachteilig für den Arbeitgeber sein können, denn eine bspw. verringerte Motivation sowie

---

Wiebauer, NZA 2016, 1430, 1430; Wisskirchen/Bissels/Domke, DB 2010, 2052, 2052.

76 BMAS, Weissbuch Arbeiten 4.0, S. 136; Krause, Digitalisierung der Arbeitswelt, B7, B31 f.; in Ansätzen Gaul, DB 2013, 60, 60; Schlegel, NZA-Beil. 2014, 16, 20.

77 Krause, Digitalisierung der Arbeitswelt, B7, B32; Schlegel, NZA-Beil. 2014, 16, 20.

78 Jacobs, NZA 2016, 733, 734; Kamann, ArbRAktuell 2016, 75, 76; Schwemmle/Wedde, Digitale Arbeit in Deutschland, S. 43.

79 Baeck/Deutsch, § 1 ArbZG Rn. 12; Bissels/Meyer-Michaelis, DB 2015, 2331, 2332; Jacobs, NZA 2016, 733, 733; Schlegel, NZA-Beil. 2014, 16, 20; Wisskirchen/Bissels/Domke, DB 2010, 2052, 2052.

80 BITKOM, Studie zu Arbeiten in der digitalen Welt, S. 26.

ein angeschlagener Gesundheitszustand des Arbeitnehmers vermindern mittelfristig auch dessen Produktivität.[81] Dadurch könnte es z.B. zu einem Anstieg der Krankheitstage oder sogar zu einer Erhöhung der Frühverrentungen kommen.[82] Dies ist sicherlich nicht im Interesse der Arbeitgeber, sodass deren Flexibilisierungsinteresse nicht absolut zu sehen ist.

III Zusammenfassung

Resümee dieses Kapitels ist, dass sowohl Arbeitnehmer als auch Arbeitgeber ein Interesse zur Flexibilisierung der Arbeitszeit besitzen. Unterschiedlich sind jedoch die Beweggründe für das Flexibilisierungsinteresse. Während beim Arbeitgeber vorwiegend finanzielle Aspekte überwiegen, steht beim Arbeitnehmer der Freizeitaspekt im Rahmen der Erreichung einer Work-Life-Balance im Vordergrund. Das bedeutet aber nicht, dass sich die beiden Flexibilisierungsinteressen grundsätzlich widersprechen. Sie verlaufen vielmehr so lange parallel, bis sich ein flexibles Arbeiten in ein entgrenztes Arbeiten mit erhöhter Gesundheitsgefahr für den Arbeitnehmer wandelt. Natürlich hat auch der Arbeitgeber auf lange Sicht hieran kein Interesse. Dennoch werden die Bedenken von Arbeitnehmern bei einer Gefährdung ihrer Gesundheit, als einer ihrer wichtigsten Existenzgrundlagen, schneller einsetzen, als die Bedenken der Arbeitgeber, deren Existenzgrundlage überwiegend auf finanziellen Aspekten fußt. Im Nachfolgenden wird deshalb untersucht, ob den Flexibilisierungsinteressen mehr Raum zur Entfaltung gegeben werden soll oder ob diesen aufgrund der damit verbundenen gesundheitlichen Bedenken nicht begrenzend entgegen getreten werden muss.

---

81 Falder, NZA 2010, 1150, 1150; Schlegel, NZA-Beil. 2014, 16, 20; Wisskirchen/Bissels/Domke, DB 2010, 2052, 2052.

82 BMAS, Weissbuch Arbeiten 4.0, S. 136; Schlegel, NZA-Beil. 2014, 16, 20; in Bezug auf Ausfallzeiten auch Gaul, DB 2013, 60, 60.

D Grenzen der Arbeitszeit de lege lata und de lege ferenda

Mit einem Blick auf die soeben erörterten Flexibilisierungsinteressen der Arbeitszeit stellt sich die Frage, ob das ArbZG noch zeitgemäß ist oder einer Änderung bedarf.[83] Bei Änderungserwägungen auf Basis der Flexibilisierungsinteressen sind jedoch die gesundheitlichen Bedenken der Entgrenzung der Arbeit nicht vollkommen außen vor zu lassen. Grund hierfür ist, dass der mit dem Arbeitszeitrecht bezweckte Gesundheitsschutz durch gesetzliche Änderungen nicht beeinträchtigt werden darf.[84] Weiter zu beachten ist, dass die Flexibilisierungsinteressen von Arbeitnehmer und Arbeitgeber zwar zu Teilen, aber nicht vollständig parallel verlaufen, sodass ein etwaiges Spannungsverhältnis zwischen den beiden Interessen bei Änderungen berücksichtigt und austariert werden muss.[85] Darüber hinaus sind bei Änderungen auch europarechtliche Vorgaben zu berücksichtigen.

Aus diesen Gründen werden im Folgenden kurz die arbeitszeitrechtlichen Grundlagen sowie ihre Zwecke dargelegt, bevor auf deren Basis anschließend auf ausgewählte und besonders praxisrelevante Bereiche des Arbeitszeitrechts zunächst de lege lata und dann de lege ferenda unter Berücksichtigung der europarechtlichen Vorgaben eingegangen wird.

---

83 Vorwegnehmend einen Reformbedarf bejahend Bissels/Meyer-Michaelis, DB 2015, 2331, 2333 f. und 2336; Günther/Böglmüller, NZA 2015, 1025, 1028 und 1031; Jacobs, NZA 2016, 733, 734; Schirmer, NZA-Beil. 2016, 85, 89; *Wolf* in Giesen/Junker/Rieble, Industrie 4.0 als Herausforderung des Arbeitsrechts, 61, 64; zurückhaltender Krause, Digitalisierung der Arbeitswelt, B7, B39 ff.; Steffan, NZA 2015, 1409, 1415; dagegen wohl Falder, NZA 2010, 1150, 1152 f. sowie die zuständige Fachabteilung des BMAS vgl. BMAS, Grünbuch Arbeiten 4.0, S. 78, allerdings bejahend Bundesarbeitsministerin Nahles vgl. FAZ.net vom 22.06.2016, Wir brauchen einen neuen sozialen Kompromiss, http://www.faz.net/aktuell/wirtschaft/wirtschaftspolitik/andrea-nahles-zur-zukunft-durch-digitalisierung-14298268.html (letzter Abruf 13.12.2016).

84 Jacobs, NZA 2016, 733, 734.

85 BMAS, Weissbuch Arbeiten 4.0, S. 10.

I Grundlagen des Arbeitszeitrechts

Das Arbeitszeitrecht wird primärrechtlich von der Charta der Grundrechte der Europäischen Union überwölbt, die seit dem Inkrafttreten des Vertrages von Lissabon am 1.12.2009 für alle[86] EU-Mitgliedstaaten rechtlich bindend ist.[87] Nach Art. 31 GRC hat jeder Arbeitnehmer das Recht auf gesunde, sichere und würdige Arbeitsbedingungen, insbesondere auf Begrenzung der Höchstarbeitszeit sowie auf tägliche und wöchentliche Ruhezeiten.

Konkretisierung erfährt das Arbeitszeitrecht auf europäischer Ebene durch die EG-Arbeitszeitrichtlinie. Die EU ist unter Berücksichtigung der in den einzelnen Mitgliedstaaten bestehenden Bedingungen und technischen Regelungen dazu berechtigt, Richtlinien zu erlassen, die Mindestvorschriften zum Schutz der Sicherheit und der Gesundheit der Arbeitnehmer vorgeben (vgl. Art. 153 Abs. 2 lit. b AEUV, zuvor Art. 137 Abs. 2 lit. b EGV bzw. Art. 118 a Abs. 2 EWGV).[88] Ausgangspunkt für die heutige Arbeitszeitrichtlinie 2003/88/EG bildet die Rahmenrichtlinie 89/391/EG vom 12.06.1989, die die allgemeinen Grundsätze in Bezug auf die Sicherheit und die Gesundheit der Arbeitnehmer normiert.[89] Diese Grundsätze wurden auf Basis von Art. 16 RL 89/391/EG in Einzelrichtlinien fortentwickelt. Zu diesen gehörte auch die RL 93/104/EG vom 23.11.1993 über bestimmte Aspekte der Arbeitszeitgestaltung, die mit der RL 2000/34/EG vom 22.06.2000 geändert wurde.[90] Zu einem Text zusammengeführt wurden die beiden Richtlinien

---

[86] Das Protokoll (Nr. 30) zur Klarstellung der Anwendung der GRC auf das Vereinigte Königreich und Polen beschränkt nicht die Wirkung der GRC auf die Rechtsordnungen dieser beiden, im Fall des Vereinigten Königreichs noch, Mitgliedstaaten bzw. schließt diese nicht aus, wie dies vom EuGH ausdrücklich anerkannt wurde, vgl. EuGH, Urt. v. 21.12.2011 – Rs. C-411/10, Slg. 2011 I-13905 Rn. 116 ff. - N.S. u. a..

[87] Vgl. Jacobs, NZA 2016, 733, 734; Schlegel, NZA-Beil. 2014, 16, 17; *Ulber* in Preis/Sagan, Europ. AR, § 6 Rn. 38.

[88] Baeck/Deutsch, ArbZG Einführung Rn. 21; *Ulber* in Preis/Sagan, Europ. AR, § 6 Rn. 44.

[89] Anzinger/Koberski, Einführung ArbZG Rn. 57; Baeck/Deutsch, ArbZG Einführung Rn. 20; *Vogelsang* in Schaub, AR-Handbuch, § 151 Rn. 10.

[90] Anzinger/Koberski, Einführung ArbZG Rn. 66; Baeck/Deutsch, ArbZG Einführung Rn. 20; *Ulber* in Preis/Sagan, Europ. AR, § 6 Rn. 19 und 22.

mit der Einzelrichtlinie 2003/88/EG, welche am 02.08.2004 in Kraft trat.[91] Die RL 93/104/EG wurde in diesem Zusammenhang in ihrer geänderten Fassung zum 01.08.2004 aufgehoben.[92] Wie bereits der Art. 31 GRC[93] bezweckt auch die Arbeitszeitrichtlinie 2003/88/EG sowie ihre Vorgänger den Schutz der Sicherheit und der Gesundheit der Arbeitnehmer bei der Arbeitszeitgestaltung.[94] Über den sechsten Erwägungsgrund der Arbeitszeitrichtlinie 2003/88/EG, nach dem bei der Arbeitszeitgestaltung den Grundsätzen der Internationalen Arbeitsorganisationen Rechnung zu tragen ist, finden auch die zahlreichen ILO-Abkommen zur Arbeitszeit, unabhängig davon, ob sie von dem jeweiligen Mitgliedstaat ratifiziert wurden oder nicht, Anwendung.[95]

Auf nationaler Ebene werden die Vorgaben der EG-Arbeitszeitrichtlinie durch das ArbZG umgesetzt.[96] Es trat am 1.07.1994 in Kraft und unterlag in den letzten Jahren immer wieder Veränderungen, die zumeist durch Änderungen auf europäischer Ebene bedingt waren.[97] Auch das ArbZG bezweckt den Schutz der Sicherheit und der Gesundheit der Arbeitnehmer, sowie weitergehend die Verbesserung der Rahmenbedingungen für flexible Arbeitszeiten.[98] Zudem schützt das ArbZG die in Art. 140 GG i.V.m. Art. 139 WRV verfassungsrechtlich verankerte Sonn- und Feiertagsruhe.[99]

---

91 Anzinger/Koberski, Einführung ArbZG Rn. 67; Baeck/Deutsch, ArbZG Einführung Rn. 20; *Ulber* in Preis/Sagan, Europ. AR, § 6 Rn. 25.

92 Baeck/Deutsch, ArbZG Einführung Rn. 20.

93 Jacobs, NZA 2016, 733, 734; *Schubert* in Franzen/Gallner/Oetker, Kommentar z. Europ. AR, Art. 31 GRC Rn. 1 und 14.

94 Baeck/Deutsch, ArbZG Einführung Rn. 22; Falder, NZA 2010, 1150, 1151; *Gallner* in Franzen/Gallner/Oetker, Kommentar z. Europ. AR, Art. 1 RL 2003/88/EG Rn. 1 und 6; Jacobs, NZA 2016, 733, 734; *Ulber* in Preis/Sagan, Europ. AR, § 6 Rn. 2.

95 *Ulber* in Preis/Sagan, Europ. AR, § 6 Rn. 33; genereller Schlegel, NZA-Beil. 2014, 16, 17.

96 *Ulber* in Preis/Sagan, Europ. AR, § 6 Rn. 30.

97 Baeck/Deutsch, ArbZG Einführung Rn. 5; *Ulber* in Preis/Sagan, Europ. AR, § 6 Rn. 30.

98 Baeck/Deutsch, § 1 ArbZG Rn. 2; Jacobs, NZA 2016, 733, 734; *Wank* in ErfK, § 1 ArbZG Rn. 5 f..

99 Anzinger/Koberski, § 9 ArbZG Rn. 2; Baeck/Deutsch, § 1 ArbZG Rn. 2; Jacobs, NZA 2016, 733, 734; *Wank* in ErfK, § 1 ArbZG Rn. 7.

II Ausgewählte Bereiche des Arbeitszeitrechts de lege lata und de lege ferenda

Das ArbZG geht in seiner ursprünglichen Konzeption von der Erbringung der Arbeitsleistung an einem festgelegten Ort innerhalb eines abgegrenzten Zeitrahmens aus.[100] Die in der digitalen Arbeitswelt vorhandenen technischen Möglichkeiten erlauben jedoch ein orts- und zeitflexibles Arbeiten. So erbringen Arbeitnehmer nicht selten ihre Arbeitsaufgaben auch außerhalb der regulären Arbeitszeit von Zuhause aus. Die Konzeption des ArbZG steht somit mit der gelebten Praxis im Konflikt.[101] Hieraus ergeben sich verschiedene arbeitszeitrechtliche Problembereiche de lege lata, denen sich ggf. de lege ferenda durch Änderung des ArbZG anzunehmen ist. Hierauf wird im Nachfolgenden eingegangen. Zuvor wird allerdings der für Änderungen de lege ferenda vom europäischen Arbeitszeitrecht festgesetzte Handlungsspielraum des deutschen Gesetzgebers in Kürze dargelegt.

1 Handlungsspielraum des deutschen Gesetzgebers für Änderungen de lege ferenda

Bei Änderungserwägungen auf nationaler Ebene ist der in der RL 2003/88/EG festgelegte Handlungsspielraum des deutschen Gesetzgebers stets zu beachten.[102] Dieser ist derzeit nicht all zu groß. Eine Überarbeitung der EG-Arbeitszeitrichtlinie mit einer Erweiterung des Handlungsspielraumes für den deutschen Gesetzgeber zur Begegnung der arbeitszeitrechtlichen Problembereiche aus der digitalen Arbeitswelt steht bisher, trotz vergangener Bestrebungen der Europäischen Kommission, auch nicht in Aussicht.[103]

---

[100] Raif/Nann, GWR 2016, 221, 223; Schuchart, Ständige Erreichbarkeit im Arbeitsverhältnis, 175, 181; Schwemmle/Wedde, Digitale Arbeit in Deutschland, S. 33; Steffan, NZA 2015, 1409, 1415; Wiebauer, NZA 2016, 1430, 1434.

[101] Schlegel, NZA-Beil. 2014, 16, 16; Wiebauer, NZA 2016, 1430, 1432; *Wolf* in Giesen/Junker/Rieble, Industrie 4.0 als Herausforderung des Arbeitsrechts, 61, 64.

[102] Jacobs, NZA 2016, 733, 734; Krause, Digitalisierung der Arbeitswelt, B7, B32.

[103] Baeck/Deutsch, ArbZG Einführung Rn. 32 ff.; *Gallner* in Franzen/Gallner/Oetker, Kommentar z. Europ. AR, Art. 1 RL 2003/88/EG Rn. 11 ff.; Jacobs, NZA 2016, 733, 734; Schlegel, NZA-Beil. 2014, 16, 17; *Ulber* in Preis/Sagan, Europ. AR, *§ 6 Rn. 1; Wank* in ErfK, § 1 ArbZG Rn. 2; Wiebauer, NZA 2016,

Bereits Ende 2003 leitete die Europäische Kommission erstmals ein umfassendes Konsultationsverfahren zur Überprüfung der EG-Arbeitszeitrichtlinie ein.[104] Auslöser hierfür war zum einen die in der Richtlinie selbst vorgesehene Pflicht nach einer siebenjährigen Probephase die zwei vorhandenen Abweichungsmöglichkeiten der Richtlinie (Änderung des Bezugszeitraumes und Opt-Out-Regelung) überprüfen zu müssen sowie die Rechtsprechung des EuGH[105] zur Qualifikation des Bereitschaftsdienstes als Arbeitszeit.[106] Die Analyseergebnisse der Europäischen Kommission ergaben, dass eine Überarbeitung der EG-Arbeitszeitrichtlinie notwendig ist. Die Europäische Kommission legte deshalb zum 22.09.2004 erstmals einen Richtlinienentwurf zur Änderung der RL 2003/88/EG vor.[107] Trotz der Zustimmung des Ministerrates konnte der Entwurf nicht überzeugen. Er scheiterte im April 2009 im Vermittlungsverfahren, zu dem es aufgrund einer Ablehnung des Entwurfs durch das EU-Parlament gekommen war.[108]

Hiervon nicht geschwächt, kündigte die Europäische Kommission im September 2009 einen neuen Anlauf zur Überarbeitung der EG-Arbeitszeitrichtlinie an und leitete am 24.03.2010 unter Beteiligung der Sozialpartner die erste Konsultationsphase ein.[109] Anhand eines Fragebogens ermittelte die Europäische Kommission die Sicht der Sozialpartner zur Notwendigkeit der Überarbeitung der EG-Arbeitszeitrichtlinie und deren Gedanken zur genauen Ausgestaltung. Schwerpunkte der Befragung waren die Entwicklung der Arbeitswelt, die Regelungen zur Höchstarbeitszeit, die Qualifikation der

---

1430, 1432; *Wolf* in Giesen/Junker/Rieble, Industrie 4.0 als Herausforderung des Arbeitsrechts, 61, 64.

104 KOM (2003) 843 endgültig; vgl. auch Baeck/Deutsch, ArbZG Einführung Rn. 32.

105 EuGH, Urt. v. 03.10.2000 – Rs. C-303/98, Slg. 2000, I-07963 Rn. 52 – Simap; EuGH, Urt. v. 09.09.2003 – Rs. C-151/02, Slg. 2003, I-08389 Rn. 49 ff. – Jaeger.

106 Baeck/Deutsch, ArbZG Einführung Rn. 32; Schlegel, NZA-Beil. 2014, 16, 17; *Ulber* in Preis/Sagan, Europ. AR, § 6 Rn. 338.

107 KOM (2004) 607 endgültig; vgl. auch Baeck/Deutsch, ArbZG Einführung Rn. 33; *Ulber* in Preis/Sagan, Europ. AR, § 6 Rn. 340.

108 Anzinger/Koberski, Einführung ArbZG Rn. 76; Baeck/Deutsch, ArbZG Einführung Rn. 33; *Ulber* in Preis/Sagan, Europ. AR, § 6 Rn. 342.

109 KOM (2010) 106 endgültig; vgl. auch Baeck/Deutsch, ArbZG Einführung Rn. 33; *Ulber* in Preis/Sagan, Europ. AR, § 6 Rn. 343; Wank, RdA 2014, 285, 285.

Bereitschaftsdienstzeiten, die Berechnung der durchschnittlichen Wochenarbeitszeit sowie die Bestimmung der Ruhezeiten.[110] Das Ergebnis der Befragung zeigte, dass ein Bedarf zur Überarbeitung der EG-Arbeitszeitrichtlinie besteht.[111] Mit diesen Ergebnissen eröffnete die Europäische Kommission zum 21.12.2010 die zweite Anhörungsphase gem. Art. 154 AEUV.[112] Die Verhandlungen der Sozialpartner scheiterten allerdings am 14.12.2012.[113]

Einen weiteren Anlauf zur Überarbeitung der EG-Arbeitszeitrichtlinie hat die Europäische Kommission seitdem nicht mehr unternommen.[114]

Trotz der Unwahrscheinlichkeit einer zeitnahen Überarbeitung der EG-Arbeitszeitrichtlinie ist eine behutsame Änderung des ArbZG für den deutschen Gesetzgeber dennoch innerhalb des zulässigen Handlungsspielraumes möglich. Im Nachfolgenden werden deshalb im Gleichlauf der Vorstellung der deutschen und europäischen Vorschriften ausgewählte, besonders problembehaftete Bereiche des Arbeitszeitrechts de lege lata sowie etwaige Änderungsvorschläge de lege ferenda unter Berücksichtigung der Arbeitnehmer- und Arbeitgeberinteressen erörtert und auf ihre Vereinbarkeit mit dem europäischen Arbeitszeitrecht und damit zugleich auf ihre Umsetzungsfähigkeit hin überprüft.

2 Geltungsbereich des Arbeitszeitrechts

Mit den von den Arbeitnehmern gewünschten oder auch von den Arbeitgebern geforderten digitalen Arbeitskonstellationen stellt sich die Frage, ob der Geltungsbereich des ArbZG überhaupt eröffnet ist. Die Beantwortung dieser Frage ist zuletzt nicht deshalb uninteressant, weil hiervon die Anwendung der begrenzenden Vorschriften des ArbZG, wie etwa die Höchstar-

110 Baeck/Deutsch, ArbZG Einführung Rn. 33.

111 KOM (2010) 801 endgültig, S. 3 ff; vgl. auch Baeck/Deutsch, ArbZG Einführung Rn. 33.

112 KOM (2010) 801 endgültig; vgl. auch Baeck/Deutsch, ArbZG Einführung Rn. 34.

113 Baeck/Deutsch, ArbZG Einführung Rn. 34; Schlegel, NZA-Beil. 2014, 16, 17; *Ulber* in Preis/Sagan, Europ. AR, § 6 Rn. 343; Wank, RdA 2014, 285, 285.

114 Wiebauer, NZA 2016, 1430, 1432.

beitszeit, die Ruhezeit, usw. abhängt, welche die eigentlichen praxisrelevanten Problembereiche des digitalen Arbeitens beinhalten. Wäre somit die Eröffnung des Geltungsbereiches des ArbZG zu verneinen, so würde sich eine Erörterung der problembehafteten begrenzenden Vorschriften des ArbZG erübrigen. Im folgenden Abschnitt werden daher einzelne Überlegungen zur Eröffnung des Geltungsbereiches des ArbZG inklusive etwaiger Änderungsvorschläge erörtert und bewertet.

a) Arbeitnehmerbegriff

Der Geltungsbereich des deutschen als auch des europäischen Arbeitszeitrechts ist bis auf wenige Ausnahmen nur bei Arbeitnehmern eröffnet.[115]

Arbeitnehmer i.S.d. § 2 Abs. 2 ArbZG sind Arbeiter und Angestellte sowie die zu ihrer Berufsbildung Beschäftigten. Dieser Arbeitnehmerbegriff entspricht § 5 Abs. 1 BetrVG.[116] Sowohl bei der Vorschrift des ArbZG als auch der des BetrVG handelt es sich allerdings nicht um eine eigene gesetzliche Definition.[117] Beide Vorschriften gehen vielmehr vom allgemeinen arbeitsrechtlichen Begriff des Arbeitnehmers aus.[118] Nach Rechtsprechung und Literatur ist hiernach Arbeitnehmer, wer aufgrund eines privatrechtlichen Vertrages im Dienste eines Anderen zur Leistung weisungsgebundener, fremdbestimmter Arbeit in persönlicher Abhängigkeit verpflichtet ist.[119]

Auch die RL 2003/88/EG enthält keine eigenständige Definition des Arbeitnehmerbegriffes.[120] Nach der Rechtsprechung des EuGH gilt für die EG-Arbeitszeitrichtlinie der autonome Arbeitnehmerbegriff des Art. 45 AEUV,

---

115 Jacobs, NZA 2016, 733, 735; *Ulber* in Preis/Sagan, Europ. AR, § 6 Rn. 2; Wiebauer, NZA 2016, 1430, 1434; Wirtz, BB 2014, 1397, 1397.

116 Vgl. offizielle Gesetzesbegründung in BT-Drs. 12/5888, S. 23.

117 Baeck/Deutsch, § 2 ArbZG Rn. 86; Jacobs, NZA 2016, 733, 735; Neumann/Biebl, § 2 ArbZG Rn. 21; *Wank* in ErfK, § 2 ArbZG Rn. 3.

118 Baeck/Deutsch, § 2 ArbZG Rn. 86; Jacobs, NZA 2016, 733, 735; Neumann/Biebl, § 2 ArbZG Rn. 21 f.; Schliemann, § 2 ArbZG Rn. 71.

119 BAG, Beschl. v. 16.02.2000 – 5 AZB 71/99, BAGE 93, 310, 314 f. m.w.N.; BAG, Urt. v. 12.12.2001 – 5 AZR 253/00, NZA 2002, 787, 788; BAG, Urt. v. 20.01.2010 – 5 AZR 99/09, DB 2010, 788, 788; Anzinger/Koberski, § 2 ArbZG Rn. 64 ff.; Baeck/Deutsch, § 2 ArbZG Rn. 87; Neumann/Biebl, § 2 ArbZG Rn. 21 f.; Schliemann, § 2 ArbZG Rn. 72.

120 Jacobs, NZA 2016, 733, 735.

wonach es ebenfalls entscheidend darauf ankommt, dass Leistungen weisungsgebunden erbracht werden.[121]

Im Gegensatz zu den Arbeitnehmern erbringen leitende Angestellte ihre Leistungen weisungsfrei (vgl. § 5 Abs. 3 Nr. 3 ArbZG). Sie unterfallen aufgrund ihrer arbeitgeberähnlichen Position nicht dem Geltungsbereich des ArbZG (vgl. § 18 Abs. 1 Nr. 1 ArbZG).[122] Der Ausschluss der leitenden Angestellten stützt sich europarechtlich auf Art. 17 Abs. 1 lit. a RL 2003/88/EG.[123]

Im Hinblick auf die Arbeitszeit ist mit den digitalen technischen Möglichkeiten zu beobachten, dass sich der Arbeitnehmer dem leitenden Angestellten immer weiter annähert, mit dem Unterschied, dass bei dem Arbeitnehmer die begrenzenden Vorschriften des ArbZG Anwendung finden. Bei leitenden Angestellten eines Unternehmens ist es gesellschaftlich als auch rechtlich akzeptiert, dass der Arbeitstag nicht mit dem Verlassen der Büroräume endet. Dieser Umstand wird unauflöslich mit der Position dieser Personen im Unternehmen und der damit verbundenen wesentlichen Pflicht, ständig erreichbar zu sein, begründet.[124] Mit der Verbreitung von mobilen Kommunikationsmitteln ist es jedoch auch möglich den normalen Arbeitnehmer nach der regulären Arbeitszeit ständig zu erreichen.[125] Es darf somit die Frage aufgeworfen werden, ob der Arbeitnehmerbegriff noch zeitgemäß ist oder, zur Beseitigung der arbeitszeitrechtlichen Problembereiche, einer Änderung bedarf.

---

[121] EuGH, Urt. v. 14.10.2010 – Rs. C-428/09, Slg. 2010, I-09961 Rn. 28 m.w.N. - Union syndicale Solidaires Isère; EuGH, Urt. v. 07.04.2011 – Rs. C-519/09, Slg. 2011, I-02761 Rn. 21 – May; *Gallner* in Franzen/Gallner/Oetker, Kommentar z. Europ. AR, Art. 1 RL 2003/88/EG Rn. 37 f.; *Ulber* in Preis/Sagan, Europ. AR, § 6 Rn. 58.

[122] Bissels/Meyer-Michaelis, DB 2015, 2331, 2333; Steffan, NZA 2015, 1409, 1410; Wiebauer, NZA 2016, 1430, 1434; Wirtz, BB 2014, 1397, 1397; Wisskirchen/Bissels/Domke, DB 2010, 2052, 2054.

[123] An der Konformität mit dem Unionsrechts zweifelnd *Ulber* in Preis/Sagan, Europ. AR, § 6 Rn. 230, da Art. 17 Abs. 1 RL 2003/88/EG nur Abweichungen, nicht aber die Herausnahme gestattet.

[124] Wisskirchen/Bissels/Domke, DB 2010, 2052, 2052.

[125] Wisskirchen/Bissels/Domke, DB 2010, 2052, 2052.

Mit der Position des leitenden Angestellten ist regelmäßig der Vorteil eines entsprechenden Einkommens verbunden, welches nicht zuletzt auch durch die erbrachte Arbeitszeit beeinflusst wird. An diesen Gedanken anknüpfend wird in der Literatur vertreten, dem Arbeitnehmer ab einer bestimmten Einkommenshöhe den Schutz des ArbZG zu versagen oder diesem zumindest eine Opt-Out-Lösung anzubieten.[126]

So originell und einfach der Vorschlag im Hinblick auf die Lösung der arbeitszeitrechtlichen Problembereiche entstehend aus den begrenzenden Vorschriften des ArbZG auch sein mag, er ist mit dem Schutzzweck des Arbeitszeitrechts nicht zu vereinbaren.[127] Der Schutz der Sicherheit und der Gesundheit des Arbeitnehmers steht in keinem Zusammenhang zu dessen Einkommenshöhe.[128] Eine Regel, wonach mit steigender Einkommenshöhe die Schutzbedürftigkeit des Arbeitnehmers nachlassen würde, existiert gerade nicht. Des Weiteren würde eine solche Änderung bspw. auch zu dem nicht sachgerechten Ergebnis führen, dass eine angestellte Rechtsanwältin ihr sechsstelliges Jahresgehalt gerade aufgrund der Nichtanwendung des ArbZG erzielen könnte, wohingegen es einer Bäckereifachverkäuferin aufgrund der Anwendung des ArbZG verwehrt bliebe[129], ihr kleines Einkommen mit einem Abendjob aufzubessern.[130] Zudem zeigt sich an diesem Beispiel auch, dass es schwierig erscheint, eine überzeugende Einkommensgrenze zu finden, ab der eine Herausnahme oder ein Opt-Out aus dem ArbZG möglich sein soll.[131]

---

[126] Bauer/v. Medem, NZA 2013, 1233, 1238; ähnlich Schirmer, NZA-Beil. 2016, 85, 87 f. der bei einer arbeitszeitlichen Selbstbestimmung des Arbeitnehmers eine tarifvertragliche Öffnungsklausel zur Herausnahme befürwortet.

[127] *Gallner* in Franzen/Gallner/Oetker, Kommentar z. Europ. AR, Art. 1 RL 2003/88/EG Rn. 37; *Growe* in Däubler et al., AR, § 2 ArbZG Rn. 7; Jacobs, NZA 2016, 733, 735; Wiebauer, NZA 2016, 1430, 1434; Zimmermann, AuR 2012, 7, 8.

[128] Jacobs, NZA 2016, 733, 735; Wiebauer, NZA 2016, 1430, 1434.

[129] Nach § 2 Abs. 1 S. 1 Hs. 2 ArbZG werden die Arbeitszeiten zusammengerechnet, womit zumindest ein Verstoß gegen die Höchstarbeitszeit bei einer Vollbeschäftigung anzunehmen wäre. Dies gilt auch auf europäischer Ebene, vgl. *Ulber* in Preis/Sagan, Europ. AR, § 6 Rn. 149.

[130] Wiebauer, NZA 2016, 1430, 1434.

[131] Jacobs, NZA 2016, 733, 735.

Die Höhe des Einkommens spielt für den Arbeitnehmerbegriff somit zu Recht weder de lege lata eine Rolle noch soll sie dies de lege ferenda tun, nicht zuletzt deshalb, weil eine solche Änderung auch dem Schutzzweck der RL 2003/88/EG zu wider laufen würde und damit richtlinienwidrig wäre.[132] Eine Argumentation, dass eine solche Änderung auf nationaler Ebene über Art. 17 Abs. 1 RL 2003/88/EG gerechtfertigt sei, indem man das Einkommen als ein „besonderes Merkmal der ausgeübten Tätigkeit" wertet, ist abzulehnen.[133] Der Änderungsvorschlag kann somit nicht überzeugen. Eine Änderung des Arbeitnehmerbegriffes ist nicht erforderlich. Der Geltungsbereich des ArbZG muss auch zukünftig für alle Arbeitnehmer eröffnet sein. Die mit den digitalen Arbeitskonstellationen verbundenen arbeitszeitrechtlichen Probleme müssen vielmehr auf der jeweiligen Ebene der begrenzenden Vorschrift selbst diskutiert werden.

b) Arbeitszeitbegriff

Gegenstand der Vorschriften des Arbeitszeitrechts ist die Arbeitszeit. Von dem Vorliegen der Arbeitszeit hängt somit ab, ob die begrenzenden Vorschriften des ArbZG Geltung erlangen oder nicht. Das Arbeitszeitrecht differenziert zwischen Arbeitszeit auf der einen Seite und Ruhezeit bzw. arbeitsfreier Zeit auf der anderen Seite.[134] Dies wird sowohl an Art. 2 Nr. 1 und Nr. 2 RL 2003/88/EG als auch an §§ 2 Abs. 1, 5 Abs. 1 ArbZG deutlich.

§ 2 Abs. 1 S. 1 ArbZG definiert Arbeitszeit als die Zeit vom Beginn bis zum Ende der Arbeit ohne Ruhepausen. Arbeitszeit bezeichnet somit den Zeitraum, innerhalb dessen der Arbeitnehmer tatsächlich für den Arbeitgeber arbeitet, d.h. dem Arbeitgeber zur Erfüllung der sich aus dem Arbeitsvertrag

---

132 *Gallner* in Franzen/Gallner/Oetker, Kommentar z. Europ. AR, Art. 1 RL 2003/88/EG Rn. 37; *Growe* in Däubler et al., AR, § 2 ArbZG Rn. 7; Jacobs, NZA 2016, 733, 735; so wohl auch Schuchart, Ständige Erreichbarkeit im Arbeitsverhältnis, 175, 180.

133 Anführend im Ergebnis aber verneinend Wiebauer, NZA 2016, 1430, 1434.

134 Baeck/Deutsch, § 2 ArbZG Rn. 3; Krause, Digitalisierung der Arbeitswelt, B7, B33; Ricken, DB 2016, 1255, 1255; Schlegel, NZA-Beil. 2014, 16, 18; Thüsing, SR 2016, 87, 98; *Wank* in ErfK, § 2 ArbZG Rn. 10; Wank, RdA 2014, 285, 286; Wiebauer, NZA 2016, 1430, 1432.

ergebenden Pflichten an einem vom Arbeitgeber bestimmten Ort zur Verfügung steht, auch wenn der Arbeitgeber von der konkret angebotenen Arbeitsleistung keinen Gebrauch macht.[135]

Auf europäischer Ebene wird die Arbeitszeit als jede Zeitspanne definiert, während der ein Arbeitnehmer gemäß den einzelstaatlichen Rechtsvorschriften und/oder Gepflogenheiten arbeitet, dem Arbeitgeber zur Verfügung steht und seine Tätigkeit ausübt oder Aufgaben wahrnimmt (Art. 2 Abs. 1 RL 2003/88/EG).[136] Nach dem Wortlaut der EG-Arbeitszeitrichtlinie handelt es sich nicht um Arbeitszeit, wenn der Arbeitnehmer dem Arbeitgeber zwar zur Verfügung steht, er aber keine Tätigkeit ausübt.[137]

Im Hinblick auf die digitalen Arbeitskonstellationen ergeben sich im Zusammenhang mit der Arbeitszeit de lege lata insbesondere folgende Fragen: Liegt bei einer ständigen Erreichbarkeit des Arbeitnehmers Arbeitszeit vor? Und spielt es im Ergebnis eine Rolle, ob der Arbeitnehmer erreichbar ist oder erreichbar sein muss? Wie ist es arbeitszeitrechtlich zu beurteilen, wenn der Arbeitnehmer nach Feierabend bspw. noch einmal seine E-Mails liest? Und spielt die Dauer der Freizeittätigkeit für die Bewertung als Arbeitszeit eine Rolle? Diesen Fragen wird in der nachfolgenden Untersuchung unter Berücksichtigung des Bedürfnisses einer Änderung des Arbeitszeitrechtsbegriffes nachgegangen.

---

135 Schlegel, NZA-Beil. 2014, 16, 18; ebenso Baeck/Deutsch, § 2 ArbZG Rn. 4; Jacobs, NZA 2016, 733, 735; Neumann/Biebl, § 2 ArbZG Rn. 4 und 12; Ricken, DB 2016, 1255, 1255; Schliemann, § 2 ArbZG Rn. 5 ff.; a.A. mit einem formalen Arbeitszeitbegriff Anzinger/Koberksi, § 2 ArbZG Rn. 11.

136 Vgl. hierzu auch die Auslegung des EuGH, Urt. v. 03.10.2000 – Rs. C-303/98, Slg. 2000, I-07963 Rn. 47 - Simap; EuGH, Urt. v. 09.09.2003 – Rs. C-151/02, Slg. 2003, I-08389 Rn. 48 – Jaeger; EuGH, Urt. v. 01.12.2005 – Rs. C-14/04, Slg. 2005, I-10253 Rn. 42 – Dellas; EuGH, Urt. v. 10.09.2015 – Rs. C-266/14, NZA 2015, 1177, 1178 – Tyco m.w.N.; sowie in der Literatur Anzinger/Koberski, § 2 ArbZG Rn. 9; Baeck/Deutsch, § 2 ArbZG Rn. 6; *Gallner* in Franzen/Gallner/Oetker, Kommentar z. Europ. AR, Art. 2 RL 2003/88/EG Rn. 3 ff.; Jacobs, NZA 2016, 733, 734.

137 Wank, RdA 2014, 285, 285.

(1) Ständige Erreichbarkeit

Mit dem Begriff der ständigen Erreichbarkeit sollen in dieser Untersuchung Zeiträume außerhalb der regelmäßigen Arbeitszeit bezeichnet werden, innerhalb derer Arbeitnehmer potenziell in dienstlichen Belangen von Vorgesetzten, Kollegen oder Kunden mittels digitaler Kommunikationsmittel kontaktiert werden können.[138] Die Kontaktaufnehmenden treten hierbei zumeist mit der Erwartungshaltung einer schnellstmöglichen Reaktion an den Arbeitnehmer heran.[139] Eine Reaktion kann hierbei in Form eines Kommunikationsvorganges oder auch in Form einer Kenntnisnahme ggf. verbunden mit einer gedanklichen Verarbeitung des Sachverhalts, mit dem Ziel unmittelbar nach Arbeitsbeginn eine passende Stellungnahme abgeben zu können, erwünscht sein.[140] Eine formale Vereinbarung, die den Arbeitnehmer zur ständigen Erreichbarkeit verpflichtet, besteht nicht.[141] Die ständige Erreichbarkeit setzt vielmehr schleichend im Spannungsverhältnis verschiedener Interessen ein.[142] An dieser Stelle sei darauf hingewiesen, dass eine Verpflichtung zur ständigen Erreichbarkeit des Arbeitnehmers außerhalb der regelmäßigen Arbeitszeit seitens des Arbeitgebers nur über eine ausdrückliche Vereinbarung und nicht über sein Weisungsrecht erreicht werden kann.[143]

Zur Beantwortung der Ausgangsfrage, ob es sich bei der ständigen Erreichbarkeit um Arbeitszeit handelt, muss ein Rückgriff auf die definierten Tatbestandsmerkmale der Arbeitszeit erfolgen. Im Gegensatz zu der definierten Arbeitszeit ist der Arbeitnehmer bei der ständigen Erreichbarkeit an einem von ihm bestimmten Ort außerhalb der regelmäßigen Arbeitszeit ständig erreichbar, weshalb sich eine Subsumtion der ständigen Erreichbarkeit unter

---

138 Vgl. Krause, Digitalisierung der Arbeitswelt, B7, B37; Schuchart, Ständige Erreichbarkeit im Arbeitsverhältnis, 175, 179.

139 Falder, NZA 2010, 1150, 1150; Krause, Digitalisierung der Arbeitswelt, B7, B37.

140 Krause, Digitalisierung der Arbeitswelt, B7, B37.

141 Krause, Digitalisierung der Arbeitswelt, B7, B37; Schuchart, Ständige Erreichbarkeit im Arbeitsverhältnis, 175, 179 m.w.N..

142 Falder, NZA 2010, 1150, 1151; Krause, Digitalisierung der Arbeitswelt, B7, B37; Schuchart, Ständige Erreichbarkeit im Arbeitsverhältnis, 175, 179; Wank, RdA 2014, 285, 288.

143 Schuchart, Ständige Erreichbarkeit im Arbeitsverhältnis, 175, 186; Wank, RdA 2014, 285, 288; a.A. Bissels/Meyer-Michaelis, DB 2015, 2331, 2332.

die Definition der Arbeitszeit versperrt.[144] Auch eine Qualifikation der ständigen Erreichbarkeit als Arbeitszeit auf Basis einer weisungsgebenden Rechtsprechung versperrt sich, da es an einer solchen bislang mangelt.[145] Zur Feststellung, ob die ständige Erreichbarkeit als Arbeitszeit zu qualifizieren ist oder nicht, ist deshalb hilfsweise auf die im deutschen Recht anerkannten Zwischenformen der Arbeitszeit in Form der Arbeitsbereitschaft, des Bereitschaftsdienstes und der Rufbereitschaft zurückzugreifen.[146] Diese drei Zwischenformen sind mangels Existenz einer dritten Kategorie[147] zwischen Arbeitszeit und Ruhezeit den beiden Grundkategorien wie folgt zuzuordnen:

Die Arbeitsbereitschaft[148] und der Bereitschaftsdienst[149] sind entsprechend der Vollarbeitszeit als Arbeitszeit zu qualifizieren. Bei der Arbeitsbereitschaft hält sich der Arbeitnehmer während seiner regelmäßigen Arbeitszeit

---

144 Falder, NZA 2010, 1150, 1151; Schuchart, Ständige Erreichbarkeit im Arbeitsverhältnis, 175, 199 f..

145 Krause, Digitalisierung der Arbeitswelt, B7, B37; Schlegel, NZA-Beil. 2014, 16, 19; Schuchart, Ständige Erreichbarkeit im Arbeitsverhältnis, 175, 182; *Ulber* in Preis/Sagan, Europ. AR, § 6 Rn. 127 f..

146 Die EG-Arbeitszeitrichtlinie kennt lediglich den Bereitschaftsdienst als Zwischenform. In Bezug auf die Rufbereitschaft ist aber davon auszugehen, dass der EuGH diese gemeinschaftsrechtlich übernimmt vgl. Wank, RdA 2014, 285, 285 und 287; ähnlich auch Schuchart, AuR 2016, 341, 343.

147 EuGH, Urt. v. 03.10.2000 – Rs. C-303/98, Slg. 2000, I-07963 Rn. 47 - Simap; EuGH, Urt. v. 09.09.2003 – Rs. C-151/02, Slg. 2003 I-08389 Rn. 48 – Jaeger; EuGH, Urt. v. 01.12.2005 – Rs. C-14/04, Slg. 2005, I-10253 Rn. 43 – Dellas; EuGH, Urt. v. 10.09.2015 – Rs. C-266/14, NZA 2015, 1177, 1178 – Tyco m.w.N.; so auch Jacobs, NZA 2016, 733, 736; Schlegel, NZA-Beil. 2014, 16, 18; Thüsing, SR 2016, 87, 98; Wiebauer, NZA 2016, 1430, 1433.

148 EuGH, Urt. v. 05.10.2004 – Rs. C-397/01, Slg. 2004, I-08835 Rn. 94 - Pfeiffer; EuGH, Urt. v. 25.11.2010 – Rs. C-429/09, Slg. 2010, I-12167 Rn. 55 - Fuß; BAG, Urt. v. 16.03.2004 – 9 AZR 93/03, BAGE 110, 60, 64 f.; BAG, Urt. v. 11.07.2006 – 9 AZR 519/05, BAGE 119, 41, 50; Baeck/Deutsch, § 2 ArbZG Rn. 39; Falder, NZA 2010, 1150, 1151; Jacobs, NZA 2016, 733, 735; Ricken, DB 2016, 1255, 1255; *Vogelsang* in Schaub, AR-Handbuch, § 156 Rn. 20; *Wank* in ErfK, § 2 ArbZG Rn. 21; Wiebauer, NZA 2016, 1430, 1432; Wirtz, BB 2014, 1397, 1398; a.A. Anzinger/Koberski, § 2 ArbZG Rn. 40 ff. m.w.N..

149 EuGH, Urt. v. 03.10.2000 – Rs. C-303/98, Slg. 2000, I-07963 Rn. 52 ff. - Simap; EuGH, Urt. v. 03.07.2001 – Rs. C-241/99, Slg. 2001, I-051397 Rn. 33 f. - CIG; EuGH, Urt. v. 09.09.2003 – Rs. C-151/02, Slg. 2003, I-08389 Rn. 49

im Betrieb für die Ausübung seiner Tätigkeit bereit und nimmt die Arbeit bei Erforderlichkeit von selbst auf.[150] Er befindet sich in einer wachen Achtsamkeit im Zustande der Entspannung.[151] Beim Bereitschaftsdienst hingegen, hält sich der Arbeitnehmer außerhalb seiner regelmäßigen Arbeitszeit an einem vom Arbeitgeber bestimmten Aufenthaltsort innerhalb oder außerhalb des Betriebes auf, um ggf. bei Anforderung durch den Arbeitgeber seine volle Arbeitstätigkeit unverzüglich aufnehmen zu können.[152]

Im Gegensatz dazu bestimmt der Arbeitnehmer bei der Rufbereitschaft seinen Aufenthaltsort selbst und muss nur bei Abruf innerhalb eines gewissen Zeitrahmens zur Arbeitsaufnahme außerhalb seiner regulären Arbeitszeit fähig sein.[153] Im Unterschied zu den beiden anderen Zwischenformen ist die

---

ff. - Jaeger; EuGH, Urt. v. 05.10.2004 – Rs. C-397/01, Slg. 2004, I-08835 Rn. 93 – Pfeiffer; EuGH, Urt. v. 01.12.2005 – Rs. C-14/04, Slg. 2005, I-10253 Rn. 46 – Dellas; EuGH, Urt. v. 25.11.2010 – Rs. C-429/09, Slg. 2010, I-12167 Rn. 55 - Fuß; BAG, Beschl. v. 18.02.2003 – 1 ABR 2/02, BAGE 105, 32, 41 ff.; BAG, Urt. v. 16.03.2004 – 9 AZR 93/03, BAGE 110, 60, 64; BAG, Urt. v. 11.07.2006 – 9 AZR 519/05, BAGE 119, 41, 50; Baeck/Deutsch, § 2 ArbZG Rn. 43; Däubler, Internet und Arbeitsrecht, S. 113; *Gallner* in Franzen/Gallner/Oetker, Kommentar z. Europ. AR, Art. 2 RL 2003/88/EG Rn. 8; Jacobs, NZA 2016, 733, 735; Ricken, DB 2016, 1255, 1255; Schlegel, NZA-Beil. 2014, 16, 19; *Wank* in ErfK, § 2 ArbZG Rn. 23; Wiebauer, NZA 2016, 1430, 1432; Wirtz, BB 2014, 1397, 1398; Wisskirchen/Bissels/Domke, DB 2010, 2052, 2054.

[150] BAG, Urt. v. 28.01.1981 – 4 AZR 892/78, DB 1981, 1195, 1195; Falder, NZA 2010, 1150, 1151; Wiebauer, NZA 2016, 1430, 1432.

[151] Anzinger/Koberski, § 2 ArbZG Rn. 40; Baeck/Deutsch, § 2 ArbZG Rn. 33; Neumann/Biebl, § 7 ArbZG Rn. 11; Schliemann, § 2 ArbZG Rn. 17; Wank, RdA 2014, 285, 286.

[152] BAG, Urt. v. 10.06.1959 – 4 AZR 567/56, BAGE 8, 25, 28; BAG, Beschl. v. 18.02.2003 – 1 ABR 2/02, BAGE 105, 32, 41 ff.; Baeck/Deutsch, § 2 ArbZG Rn. 41; Falder, NZA 2010, 1150, 1151; Schlegel, NZA-Beil. 2014, 16, 19; Wank, RdA 2015, 285, 287; Wirtz, BB 2014, 1397, 1398.

[153] BAG, Urt. v. 10.06.1959 – 4 AZR 567/56, BAGE 8, 25, 28; BAG, Urt. v. 22.06.2011 - 8 AZR 102/10, NZA 2012, 91, 93; Baeck/Deutsch, § 2 ArbZG Rn. 48 f.; Däubler, Internet und Arbeitsrecht, S. 113; Falder, NZA 2010, 1150, 1151; Ricken, DB 2016, 1255, 1255; Schlegel, NZA-Beil. 2014, 16, 19; Wank, RdA 2014, 285, 287; Wiebauer, NZA 2016, 1430, 1433; Wirtz, BB 2014, 1397, 1398; Wisskirchen/Bissels/Domke, DB 2010, 2052, 2053.

Rufbereitschaft grundsätzlich als Ruhezeit zu qualifizieren.[154] Nur bei einer tatsächlichen Inanspruchnahme der Arbeitsleistung des Arbeitnehmers innerhalb der Rufbereitschaft, ist eine Qualifikation als Arbeitszeit geboten.[155]

Kennzeichnend für die ständige Erreichbarkeit ist, dass der Arbeitnehmer gerade außerhalb der regelmäßigen täglichen Arbeitszeit zur Verfügung steht. Eine Qualifikation als Arbeitsbereitschaft scheidet daher aus.[156]

Darüber hinaus ist eine Qualifikation als Bereitschaftsdienst, wonach die ständige Erreichbarkeit als durchgehende Arbeitszeit zu werten wäre, entgegen einer Mindermeinung im Schrifttum[157], ebenfalls abzulehnen. Argumentationsfutter für einen solchen Ansatz liefert die Rechtsprechung des BAG, wonach eine Rufbereitschaft dann nicht mehr anzunehmen ist, wenn die zwischen dem Abruf und der Aufnahme der Arbeit vorgegebene Zeitspanne des Arbeitgebers zu kurz bemessen ist.[158] Begründet hat das BAG

---

154 EuGH, Urt. v. 03.10.2000 – Rs. C-303/98, Slg. 2000, I-07963 Rn. 50 – Simap; EuGH, Urt. v. 09.09.2003 – Rs. C-151/02, Slg. 2003, I-08389 Rn. 51 - Jaeger; Baeck/Deutsch, § 2 ArbZG Rn. 52; Falder, NZA 2010, 1150, 1151; Ricken, DB 2016, 1255, 1255; Schlegel, NZA-Beil. 2014, 16, 19; Schliemann, § 5 ArbZG Rn. 9; Wank, RdA 2014, 285, 287; Wiebauer, NZA 2016, 1430, 1433; Wirtz, BB 2014, 1397, 1398; a.A. Anzinger/Koberski, § 5 ArbZG Rn. 8 f.; Buschmann/Ulber, § 5 ArbZG Rn. 4; Däubler, Internet und Arbeitsrecht, S. 113; *Ernst* in Däubler et al., AR, § 5 ArbZG Rn. 7; Wisskirchen/Bissels/Domke, DB 2010, 2052, 2054.

155 EuGH, Urt. v. 03.10.2000 – Rs. C-303/98, Slg. 2000, I-07963 Rn. 50 – Simap; Anzinger/Koberski, § 2 ArbZG Rn. 55; Baeck/Deutsch, § 2 ArbZG Rn. 54; Falder, NZA 2010, 1150, 1151; Kohte, NZA 2015, 1409, 1423; Krause, Digitalisierung der Arbeitswelt, B7, B33; Ricken, DB 2016, 1255, 1255; Schlegel, NZA-Beil. 2014, 16, 19; Wank, RdA 2014, 285, 287; Wiebauer, NZA 2016, 1430, 1433; Wirtz, BB 2014, 1397, 1398; Wisskirchen/Bissels/Domke, DB 2010, 2052, 2054.

156 Falder, NZA 2010, 1150, 1151; Kohte, NZA 2015, 1417, 1423.

157 Buschmann/Ulber, § 2 ArbZG Rn. 26, § 5 ArbZG Rn. 5; nicht vollkommen ausschließend Däubler, Internet und Arbeitsrecht, S. 114.

158 BAG, Urt. v. 19.12.1991 - 6 AZR 592/89, NZA 1992, 560, 560 das bei einer Zeitspanne von 10 Minuten den Ausschluss einer Rufbereitschaft annimmt; noch enger bei 20 Minuten den Ausschluss annehmend ebenfalls BAG, Urt. v. 31.01.2002 - 6 AZR 214/00, NZA 2002, 871, 871. Als ausreichend für die Qualifizierung als Rufbereitschaft wird eine Zeitspanne von 30 Minuten (Baeck/Deutsch, § 2 ArbZG Rn. 50; Wirtz, BB 2014, 1397, 1398) bzw. sicher

seine Entscheidung damit, dass bei einer sehr kurzen Zeitspanne der Arbeitnehmer zwar nicht unmittelbar, wie beim Bereitschaftsdienst, jedoch mittelbar dazu gezwungen wird, sich in der Nähe des betrieblichen Arbeitsplatzes aufzuhalten, womit das Kriterium der selbstbestimmten Ortswahl der Rufbereitschaft nicht mehr erfüllt wäre.

Der Rechtsprechung des BAG ist jedoch im Hinblick auf die ständige Erreichbarkeit im digitalen Zeitalter entgegenzuhalten, dass eine selbstbestimmte Ortswahl Dank Online-Tätigkeit auch bei einer sehr kurzen Zeitspanne möglich ist.[159] Aufgrund dessen ist, in Übereinstimmung mit dem überwiegenden Teil der Literatur, die ständige Erreichbarkeit als Form der Rufbereitschaft oder zumindest analog als solche zu werten.[160] An eine Qualifikation der ständigen Erreichbarkeit als Bereitschaftsdienst ist nur ausnahmsweise dann zu denken, wenn der Arbeitnehmer mittels digitaler Kommunikationsmittel kontinuierlich in Anspruch genommen wird und der betriebliche Arbeitsplatz sich somit quasi in die private Sphäre verlagert, etwa

---

eine Zeitspanne von 45 Minuten (BAG, Urt. v. 22.01.2004 – 6 AZR 543/02, BeckRs 2004, 30800702) angesehen.

159 Falder, NZA 2010, 1150, 1151; Zöll/Kielkowski, BB 2012, 2625, 2628.

160 Direkte Einordnung Gaul, DB 2013, 60, 61; *Growe* in Däubler et al., AR, § 2 ArbZG Rn. 6; Krause, Digitalisierung der Arbeitswelt, B7, B38; Krause, NJW-Beil. 2016, 33, 34; Maier/Ossoinig, DB 2015, 2391, 2392; Neumann/Biebl, § 7 ArbZG Rn. 13 a; Schuchart, Ständige Erreichbarkeit im Arbeitsverhältnis, 175, 200 ff.; v. Steinau-Steinrück, NJW-Spezial 2012, 178, 178; Wisskirchen/Schiller, DB 2015, 1163, 1167; zu eng Zöll/Kielkowski, BB 2012, 2625, 2628; nur bei Anordnung diffus Wisskirchen/Bissels/Domke, DB 2010, 2052, 2053. In Analogie Falder, NZA 2010, 1150, 1151; Jacobs, NZA 2016, 733, 735; Kohte, NZA 2015, 1417, 1423; Wiebauer, NZA 2016, 1430, 1433 und weiter wohl auch *Ulber* in Preis/Sagan, Europ. AR, § 6 Rn. 128; ähnlich mit einer „Rufbereitschaft neuer Art" Wank, RdA 2014, 285, 288 f.. In der Rechtsprechung ist hierzu ebenfalls eine gewisse Tendenz zu erkennen, vgl. EuGH, Urt. v. 03.10.2000 – Rs. C-303/98, Slg. 2000, I-07963 Rn. 50 – Simap; EuGH, Urt. v. 09.09.2003 – Rs. C-151/02, Slg. 2003, I-08389 Rn. 65 – Jaeger; BAG, Urt. v. 19.06.2000 - 6 AZR 900/98, BAGE 95, 210, 210.

wenn ein Arbeitnehmer bspw. einen Produktionsablauf aus der Ferne überwacht.[161] In allen anderen Fällen hat eine Bewertung der ständigen Erreichbarkeit als Rufbereitschaft zu erfolgen, weshalb die ständige Erreichbarkeit grundsätzlich nicht als Arbeitszeit zu werten ist. Nur wenn der Arbeitnehmer eine konkrete Arbeitsleistung erbringt, die ständige Erreichbarkeit sich also zur Freizeittätigkeit verdichtet, ist eine Wertung als Arbeitszeit geboten. Dieses Ergebnis gilt unabhängig davon, ob der Arbeitgeber die ständige Erreichbarkeit angeordnet hat oder nicht. Bei der Rufbereitschaft im originären Sinne besteht eine Anordnung des Arbeitgebers und trotzdem ist nur die tatsächliche Inanspruchnahme als Arbeitszeit zu werten.[162] So kann bei der ständigen Erreichbarkeit, bei der gerade keine Anordnung des Arbeitsgebers besteht, erst recht nichts anderes gelten, als dass die bloße Erreichbarkeit für sich genommen keine Arbeitszeit begründet.[163] Hiermit wäre auch der zweite Teil der Ausgangsfrage, ob es einen Unterschied macht, ob der Arbeitnehmer erreichbar ist oder erreichbar sein muss, beantwortet.

(2) Freizeittätigkeit

Der Begriff der Freizeittätigkeit bezeichnet innerhalb dieser Untersuchung die Verdichtung der ständigen Erreichbarkeit in der Form, dass außerhalb der regulären Arbeitszeit aktiv eine Inanspruchnahme des Arbeitnehmers stattfindet.[164] Unter Rückgriff auf die Ausführungen zur ständigen Erreichbarkeit, bei der eine Wertung als Arbeitszeit nur dann angezeigt ist, wenn eine tatsächliche Inanspruchnahme des Arbeitnehmers erfolgt, bestehen in Bezug auf die Geltung der Vorschriften des ArbZG auf die Freizeittätigkeit grundsätzlich keine Einwände. Probleme bereitet die Freizeittätigkeit dennoch, nämlich im Hinblick auf die Definition der Arbeit innerhalb des Ar-

---

[161] Krause, Digitalisierung der Arbeitswelt, B7, B38 m.w.N.; Krause, NJW-Beil. 2016, 33, 34; in diesem Fall Arbeitsbereitschaft annehmend Wiebauer, NZA 2016, 1430, 1433.

[162] EuGH, Urt. v. 03.10.2000 – Rs. C-303/98, Slg. 2000, I-07963 Rn. 50 – Simap; Anzinger/Koberski, § 2 ArbZG Rn. 55; Falder, NZA 2010, 1150, 1151; Krause, Digitalisierung der Arbeitswelt, B7, B33; Ricken, DB 2016, 1255, 1255; Schlegel, NZA-Beil. 2014, 16, 19.

[163] Falder, NZA 2010, 1150, 1152; Jacobs, NZA 2016, 733, 735.

[164] Vgl. Schuchart, Ständige Erreichbarkeit im Arbeitsverhältnis, 175, 179.

beitszeitbegriffes. Sowohl das ArbZG als auch die RL 2003/88/EG definieren die Arbeitszeit als Zeit der Arbeit, lassen aber offen, was Arbeit überhaupt ist.[165] Dies führt zu unterschiedlichen Auffassungen darüber, wie Arbeit im arbeitszeitrechtlichen Sinne zu definieren und ob die Freizeittätigkeit hierunter zu fassen ist.

Nach einer im Schrifttum vertretenen Mindermeinung kann von Arbeit i.S.d. Arbeitszeitrechts nur dann gesprochen werden, wenn eine ausdrückliche[166] oder zumindest sich aus den Umständen ergebende konkludente[167] Anordnung des Arbeitgebers zur Erbringung der Tätigkeit existiert. Begründet wird diese Meinung damit, dass es dem Arbeitnehmer ansonsten möglich wäre, dem Arbeitgeber seine Arbeitsleistung mit allen arbeitszeitrechtlichen Folgen aufzudrängen. Eine vom Arbeitnehmer freiwillig geleistete Tätigkeit oder noch weitergehend, eine vom Arbeitnehmer dem Arbeitgeber aufgedrängte Tätigkeit, soll deshalb nicht als Arbeit zu qualifizieren oder zumindest arbeitszeitrechtlich irrelevant sein.[168] Vom Schutz des Arbeitnehmers ausgehend, wird innerhalb der Mindermeinung jedoch auch einschränkend angemerkt, dass Unklarheiten hinsichtlich des Vorliegens einer arbeitgeberseitigen Anordnung zu Lasten des Arbeitgebers gehen.[169] Dies wird zum einen mit dem Schutzzweck des Arbeitszeitrechts, den Arbeitnehmer vor Gefahren der Überschreitung der Leistungsgrenze zu schützen, als auch der alleinigen Möglichkeit des Arbeitgebers, seine Anordnungen klar und deutlich zu formulieren, begründet.[170]

Der Mindermeinung ist in Übereinstimmung mit der überwiegenden Meinung nicht zu folgen.[171] Würde man jede Tätigkeit des Arbeitnehmers, die

---

165 Baeck/Deutsch, § 2 ArbZG Rn. 4; Krause, Digitalisierung der Arbeitswelt, B7, B35; Schuchart, Ständige Erreichbarkeit im Arbeitsverhältnis, 175, 199.

166 Schlegel, NZA-Beil. 2014, 16, 19; Wisskirchen/Bissels/Domke, DB 2010, 2052, 2053; ebenso im Ansatz auch Zöll/Kielkowski, BB 2012, 2625, 2628; wohl auch Neumann/Biebl, § 7 ArbZG Rn. 13 a.

167 Schlegel, NZA-Beil. 2014, 16, 19.

168 Neumann/Biebl, § 7 ArbZG Rn. 13 a; Schlegel, NZA-Beil. 2014, 16, 19; v. Steinau-Steinrück, NJW-Spezial 2012, 178, 178.

169 Schlegel, NZA-Beil. 2014, 16, 19.

170 Schlegel, NZA-Beil. 2014, 16, 19.

171 Falder NZA 2010, 1150, 1151; *Growe* in Däubler et al., AR, § 2 ArbZG Rn. 6; Jacobs, NZA 2016, 733, 735; Krause, Digitalisierung der Arbeitswelt, B7, B36;

nicht auf einer Anordnung des Arbeitgebers, sondern auf einer Eigeninitiative des Arbeitnehmers beruht, aus dem Arbeitsbegriff herausnehmen, so hätte dies zur Folge, dass die Anwendung des ArbZG zur Disposition des Arbeitnehmers stehen würde. Über die Anwendung des ArbZG als öffentliches Schutzrecht hat der Arbeitnehmer jedoch gerade nicht zu bestimmen.[172] Bei der Bestimmung der Arbeit im arbeitszeitrechtlichen Sinne ist deshalb darauf abzustellen, ob die Tätigkeit des Arbeitnehmers der Befriedigung eines fremden Bedürfnisses dient.[173] Stellt der Arbeitgeber es dem Arbeitnehmer somit frei, bestimmte Tätigkeiten außerhalb der regulären Arbeitszeit zu erledigen, so ist die erbrachte Tätigkeit Arbeit im Sinne des Arbeitszeitrechts, da sie dem Bedürfnis des Arbeitgebers dient.[174] Reagiert der Arbeitnehmer, auch wenn der Arbeitgeber hierhingehend keine Anordnung getroffen hat, auf eine Kontaktaufnahme durch einen Dritten, etwa einem Kunden, so ist dies mit der gleichen Begründung wie zuvor ebenfalls als Arbeit zu qualifizieren.[175] Den Bedenken der Mindermeinung in Bezug auf eine aufgedrängte Tätigkeit kann damit begegnet werden, dass der Arbeitgeber spätestens mit einer konkludenten oder ausdrücklichen Annahme der vom Arbeitnehmer in seiner Freizeit erbrachten Arbeitsleistung diese auch billigt und konsequenterweise sich diese dann entsprechend auch zurechnen lassen

---

Krause, NJW-Beil. 2016, 33, 34; Wiebauer, NZA 2016, 1430, 1433; wohl auch Gaul, DB 2013, 60, 61; Maier/Ossoinig, DB 2015, 2391, 2392.

172 Anzinger/Koberski, § 1 ArbZG Rn. 24; Baeck/Deutsch, ArbZG Einführung Rn. 52; Falder, NZA 2010, 1150, 1151 f.; Krause, Digitalisierung der Arbeitswelt, B7, B36.

173 BAG, Urt. v. 08.03.1961 – 4 AZR 71/59, BAGE 11, 23, 26; BAG, Urt. v. 11.10.2000 – 5 AZR 122/99, BAGE 96, 45, 51; BAG, Urt. v. 16.01.2002 – 5 AZR 303/00, NZA 2002, 1163, 1164; BAG, Beschl. v. 14.11.2006 – 1 ABR 5/06, BAGE 120, 162, 169; BAG, Urt. v. 22.04.2009 – 5 AZR 292/08, NZA-RR 2010, 231, 233; BAG, Urt. v. 20.04.2011 – 5 AZR 200/10, BAGE 137, 366, 371; Anzinger/Koberski, § 2 ArbZG Rn. 9; Krause, Digitalisierung der Arbeitswelt, B7, B35 f.; *Vogelsang* in Schaub, AR-Handbuch, § 8 Rn. 9.

174 Krause, Digitalisierung der Arbeitswelt, B7, B36; Schuchart, Ständige Erreichbarkeit im Arbeitsverhältnis, 175, 195 f..

175 Krause, Digitalisierung der Arbeitswelt, B7, B36, a.A. Risak ZAS 2013, 296, 298.

muss.[176] Etwas anderes kann ausnahmsweise nur dann gelten, wenn der Arbeitnehmer tatsächlich freiwillig, also ohne jegliche Veranlassung des Arbeitgebers, arbeitet und der Arbeitgeber dies ausdrücklich untersagt hat oder es bei Kenntnis nicht duldet.[177] Dasselbe gilt auch im Fall von Gefälligkeiten.[178] Eine Wertung der Freizeittätigkeit als Arbeit würde in diesen Situationen keinem sachgerechten Ergebnis entsprechen. Diese Situationen sind jedoch eher selten der Fall, so dass die Freizeittätigkeit grundsätzlich als Arbeit im arbeitszeitrechtlichen Sinne zu werten ist.

Eine de lege ferenda befürwortete Differenzierung der Freizeittätigkeit nach ihrer Intensität zur Qualifizierung als Arbeit[179] ist abzulehnen.[180] Der Grund hierfür ist zum einen darin zu sehen, dass sowohl bei einer kurzen als auch bei einer ausgedehnten Freizeittätigkeit gearbeitet wird, so dass auch arbeitszeitrechtlich Arbeit vorliegen muss.[181] Zum anderen verstößt eine solche Änderung auch gegen die Auslegung des Art. 2 RL 2003/88/EG durch den EuGH, nach dessen Rechtsprechung es für den Arbeitszeitbegriff weder auf die Intensität, noch auf die Dauer der Arbeitsleistung ankommt.[182] Darüber hinaus obliegt den Mitgliedstaaten auch keine Definitionshoheit über den Anknüpfungspunkt der Arbeitszeit, da es ihnen ansonsten über diese möglich wäre, die europäischen Mindestschutzvorschriften auszuhebeln.[183] Das Lesen der E-Mails aus der Ausgangsfrage ist somit, unabhängig von der Dauer, als Arbeit und damit letztendlich auch als Arbeitszeit im Sinne des

---

[176] Gaul, DB 2013, 60, 61; Krause, Digitalisierung der Arbeitswelt, B7, B36; Schuchart, Ständige Erreichbarkeit im Arbeitsverhältnis, 175, 196; Zöll/Kielkowski, BB 2012, 2625, 2628.

[177] Jacobs, NZA 2016, 733, 735; Wiebauer, NZA 2016, 1430, 1433; Wisskirchen/Bissels/Domke, DB 2010, 2052, 2053; Wisskirchen/Schiller, DB 2015, 1163, 1167; genereller Neumann/Biebl, § 7 ArbZG Rn. 13 a.

[178] Krause, Digitalisierung der Arbeitswelt, B7, B36 f.; Schuchart, Ständige Erreichbarkeit im Arbeitsverhältnis, 175, 179.

[179] Oberwetter, ZRP 2015, 204, 205.

[180] Buschmann/Ulber, § 2 ArbZG Rn. 23; Jacobs, NZA 2016, 733, 736; Schuchart, Ständige Erreichbarkeit im Arbeitsverhältnis, 175, 202.

[181] Jacobs, NZA 2016, 733, 736.

[182] EuGH, Urt. v. 01.12.2005 – Rs. C-14/04, Slg. 2005, I-10253 Rn. 43 – Dellas; ebenso Baeck/Deutsch, § 2 ArbZG Rn. 3; Krause, Digitalisierung der Arbeitswelt, B7, B35.

[183] *Ulber* in Preis/Sagan, Europ. AR, § 6 Rn. 99.

ArbZG zu werten, sofern kein erkennbar entgegenstehender Wille des Arbeitgebers besteht.[184]

(3) Schlussfolgerung

Ein zusammenfassender Blick der beiden vorausgegangenen Untersuchungen zeigt, dass eine überzeugende Qualifikation der digitalen Arbeitskonstellationen als Arbeitszeit möglich ist. Der Geltungsbereich des ArbZG ist somit bei einer sich aus der ständigen Erreichbarkeit ergebenden Freizeittätigkeit des Arbeitnehmers eröffnet. Eine Änderung des Arbeitszeitbegriffes ist nicht zuletzt aufgrund der mangelnden Befugnis hierzu nicht vorzunehmen.[185] Mit Blick auf die in der Literatur bestehende Diskussion und der damit verbundenen Rechtsunsicherheit ist eine Klarstellung der Reichweite der Arbeitszeit unter Orientierung an den obigen Untersuchungsergebnissen auf europäischer Ebene allerdings wünschenswert.

3 Begrenzende Vorschriften des Arbeitszeitrechts

Sowohl das ArbZG als auch die RL 2003/88/EG verfolgen den Zweck, die Sicherheit und die Gesundheit des Arbeitnehmers zu schützen (vgl. Art. 1 Abs. 1 RL 2003/88/EG, § 1 Abs. 1 ArbZG). Ziel der begrenzenden Vorschriften des ArbZG ist es somit, eine Überschreitung der Leistungsgrenze durch den Arbeitnehmer aufgrund der damit verbundenen gesundheitlichen Gefahren zu verhindern. Unter Berücksichtigung der bestehenden Flexibilisierungsinteressen und dem im Zusammenspiel mit den begrenzenden Vorschriften des ArbZG entstehenden eingangs erwähnten Konflikt, stellt sich die Frage, inwieweit der Gesundheitsschutz des Arbeitnehmers zur Wahrnehmung der Flexibilisierungsinteressen aufgeweicht werden soll. Im Nachfolgenden werden deshalb ausgewählte begrenzende Vorschriften des Ar-

---

[184] In diese Richtung auch ArbG Berlin, Beschl. v. 22.03.2012 - 54 BV 7072/11 Rn. 100, 110 - juris; das LAG Berlin-Brandenburg, Beschl. v. 15.05. 2014 – 18 TaBV 828/12, 18 TaBV 830/12 Rn. 80 ff. – juris hat dies allerdings nicht in derselben Deutlichkeit wiederholt. Ebenso Däubler, Internet und Arbeitsrecht, S. 114; Schuchart, Ständige Erreichbarkeit im Arbeitsverhältnis, 175, 202.

[185] Jacobs, NZA 2016, 733, 736; Schuchart, AuR 2016, 341, 343; Thüsing, SR 2016, 87, 98; a.A. Günther/Böglmüller, NZA 2015, 1025, 1028; Wank, RdA 2014, 285, 289.

bZG de lege lata und mögliche Änderungen de lege ferenda zur Flexibilisierung der Arbeitszeit unter Berücksichtigung der europäischen Vorgaben betrachtet.

a) Höchstarbeitszeit

Das deutsche Arbeitszeitrecht sieht im Grundsatz eine werktägliche Höchstarbeitszeit von acht Stunden vor (§ 3 S. 1 ArbZG). Arbeitszeiten über acht Stunden sind jedoch keineswegs ausgeschlossen, sondern möglich. So kann bspw. gem. § 3 S. 2 ArbZG die Arbeitszeit auf bis zu zehn Stunden verlängert werden, sofern innerhalb von sechs Kalendermonaten oder innerhalb von 24 Wochen eine werktägliche Arbeitszeit von acht Stunden im Durchschnitt nicht überschritten wird.[186] Darüber hinaus ist eine Verlängerung der Arbeitszeit auch per Tarifvertrag oder aufgrund eines Tarifvertrages per Betriebsvereinbarung möglich (vgl. § 7 Abs. 1 Nr. 1 lit. a, Abs. 2 Nr. 2, 3 und 4, Abs. 2a ArbZG[187]). Zudem können auch die Aufsichtsbehörden längere tägliche Arbeitszeiten u.a. für Schichtbetriebe, Bau- und Montagestellen sowie für Saison- und Kampagnebetriebe erlauben (§ 15 Abs. 1 Nr. 1 und 2 ArbZG).

Im Unterschied zum deutschen Arbeitszeitrecht setzt das europäische Arbeitszeitrecht in Art. 6 lit. b RL 2003/88/EG keine werktägliche, sondern eine wöchentliche Höchstarbeitszeit von 48 Stunden, einschließlich der Überstunden, fest. Eine mittelbare Grenze für die werktägliche Höchstarbeitszeit ergibt sich aber aus der einzuhaltenden täglichen Ruhezeit nach Art. 3 Abs. 1 RL 2003/88/EG und beträgt maximal 13 Stunden.[188]

---

[186] Der Ausgleichszeitraum von 6 Monaten ist unter Berücksichtigung der europäischen Vorgabe in Art. 16 lit. b RL 2003/88/EG mit 4 Monaten unionsrechtswidrig, vgl. Schubert/Jerchel, WSI Mitteilungen 2/2011, 76, 77; *Ulber* in Preis/Sagan, Europ. AR, § 6 Rn. 173.

[187] Auf diese wird später noch im Detail eingegangen, vgl. Kapitel *E.I.2. Flexibilisierung der Arbeitszeit auf kollektivrechtlicher Ebene, S. 61 ff.*.

[188] Baeck/Deutsch, § 3 ArbZG Rn. 7; *Bayreuther* in EnzEuR, § 11 Rn. 26; Jacobs, NZA 2016, 733, 736; Krause, Digitalisierung der Arbeitswelt, B7, B39; *Ulber* in Preis/Sagan, Europ. AR, § 6 Rn. 148.

Im Ergebnis erlauben somit sowohl das europäische als auch das deutsche Arbeitszeitrecht grundsätzlich eine 48-Stunden-Woche.[189] § 3 S. 1 ArbZG setzt Art. 6 lit. b RL 2003/88/EG somit auf der nationalen Ebene, trotz unterschiedlicher Ausgestaltung auf den ersten Blick, unionsrechtskonform um.[190] Im Vergleich ist das deutsche Arbeitszeitrecht mit seiner werktäglichen Regelung der Arbeitszeit jedoch strenger.

Wirft man einen Blick auf verschiedene Arbeitskonstellationen in der digitalen Arbeitswelt, so wird deutlich, dass die de lege lata im deutschen Arbeitszeitrecht bestehende strenge werktägliche Regelung zu Problemen führt. Beispielhaft sei an dieser Stelle die Situation einer spontan stattfindenden Telefonkonferenz in einem zeitzonenübergreifenden Projekt genannt.[191] Hat der deutsche Arbeitnehmer bereits neun Stunden gearbeitet und die Telefonkonferenz ist auf mehr als eine Stunde angesetzt, so dürfte er streng genommen an dieser nicht mehr teilnehmen. Mehr als zehn Stunden darf nämlich de lege lata nicht, auch nicht einmalig, gearbeitet werden.[192] Dies gilt selbst dann, wenn der Arbeitnehmer die Telefonkonferenz auf dem Sofa von zu Hause aus führen würde.[193] Auch ein großzügiges Angebot des Arbeitgebers, etwa dem Arbeitnehmer einen ganzen freien Tag als Ausgleich zu gewähren, ändert an der Situation nichts.[194] Dass der Arbeitnehmer an der Telefonkonferenz nicht teilnimmt, wird wohl aber eher

---

189 Zur mittelbaren Regelung einer wöchentlichen Höchstarbeitszeit im deutschen Arbeitszeitrecht Krause, Digitalisierung der Arbeitswelt, B7, B39; Schlegel, NZA-Beil. 2014, 16, 17; Schubert/Jerchel, WSI Mitteilungen 2/2011, 76, 77; *Ulber* in Preis/Sagan, Europ. AR, § 6 Rn. 160.

190 *Ulber* in Preis/Sagan, Europ. AR, § 6 Rn. 160.

191 Dieses Beispiel anführend BDA, Positionspapier, S. 3 f.; Krause, Digitalisierung der Arbeitswelt, B7, B40.

192 Etwas anderes gilt nur dann, wenn per Tarifvertrag oder aufgrund eines Tarifvertrages per Betriebsvereinbarung eine Verlängerung der Arbeitszeit über die Zehn-Stunden-Grenze hinaus vereinbart wurde.

193 Bissels/Meyer-Michaelis, DB 2015, 2331, 2333; Jacobs, NZA 2016, 733, 736.

194 Jacobs, NZA 2016, 733, 736.

nicht der Realität entsprechen. Es ist daher über eine gesetzliche Änderung der Vorschrift der Höchstarbeitszeit nachzudenken.[195]

In der Literatur ist zur Flexibilisierung der Höchstarbeitszeitregelung der Vorschlag vorgebracht worden, eine oberste Zwölf-Stunden-Schwelle einzuführen.[196] Im Detail würde dies bedeuten, dass die regelmäßige werktägliche Arbeitszeit von acht Stunden grundsätzlich nicht überschritten werden dürfte. Eine Verlängerung der Arbeitszeit wäre nur per Tarifvertrag oder Betriebsvereinbarung möglich, allerdings nur bis zu einer Schwelle von 12 Stunden pro Kalendertag oder pro 24-Stunden-Zeitraum. Eine gelegentliche und im Einzelfall die zehn Stunden überschreitende Arbeitszeit wäre zulässig, sofern innerhalb von 12 Kalendermonaten im Durchschnitt acht Stunden pro Werktag nicht überschritten werden würden.[197] Ergänzend wird die Erreichung der Höchstarbeitszeit innerhalb eines Verteilzeitraumes vorgebracht, so dass bspw. die tägliche Höchstarbeitszeit von 10 Stunden innerhalb eines Sechsmonats-Zeitraumes unterschritten bleiben müsste.[198]

Positiv an diesem Änderungsvorschlag hervorzuheben ist, dass er eine gewisse Flexibilität ermöglicht ohne dabei den Schutz des Arbeitnehmers vollkommen aus den Augen zu verlieren. Die grundsätzliche Höchstarbeitszeit von acht Stunden bleibt zunächst unangetastet bestehen. Auch eine Verlängerung der Arbeitszeit auf im Normalfall zehn Stunden pro Werktag kann gewissermaßen als gesetzt angesehen werden. Darüber hinaus wird mit der obersten Zwölf-Stunden-Schwelle sogar im Vergleich zu den de lege lata bestehenden Möglichkeiten der kollektivrechtlichen Verlängerung der Arbeitszeit eine weitaus geringere Maximalgrenze erreicht.[199] Allerdings sind

[195] Eine Änderung unter dem Aspekt der Digitalisierung grundsätzlich verneinend und vielmehr als politisches Thema einordnend Wiebauer, NZA 2016, 1430, 1434; in Ansätzen auch Krause, NJW- Beil. 2016, 33, 33 f..

[196] BVAU-Positionspapier, S. 2; zustimmend Steffan, NZA 2015, 1409, 1415; ablehnend Däubler, AuR 2016, 325, 331 f..

[197] BVAU-Positionspapier, S. 2.

[198] BVAU-Positionspapier, S. 2.

[199] Eine Verlängerung der Arbeitszeit ist im Fall von § 7 Abs. 1 lit. a ArbZG bspw. auf bis zu 13 Stunden, nach Ansicht einiger auch bis zu 24 Stunden (vgl. Anzinger/Koberski, § 7 ArbZG Rn. 25; Baeck/Deutsch, § 7 ArbZG Rn. 55; Schliemann, § 7 ArbZG Rn. 43; a.A. etwa Neumann/Biebl, § 7 ArbZG Rn. 19 m.w.N.) abzüglich der Ruhepausen, möglich.

in dem Regelungsansatz außer der obersten Zwölf-Stunden-Schwelle für die Verlängerung per Tarifvertrag oder Betriebsvereinbarung keine weiteren einschränkenden Voraussetzungen erkennbar. Denkbar wäre eine solche Einschränkung für eine Verlängerung über die Zehn-Stunden-Grenze hinaus in den Häufigkeitsangaben „gelegentlich“ und „im Einzelfall“ zu sehen. Allerdings fehlt es an einer genauen Konkretisierung dieser beiden Begrifflichkeiten in dem Änderungsvorschlag, sodass eine gewisse Rechtsunsicherheit bei dieser Annahme vorprogrammiert wäre, weshalb diese nicht bekräftigt werden kann. Eine Verlängerung der Arbeitszeit wäre somit nach diesem Änderungsvorschlag im Vergleich zu den kollektivrechtlichen Verlängerungsmöglichkeiten de lege lata einfacher möglich. Dies birgt die Gefahr, dass Arbeitnehmer zu einfach zu mehr Arbeitsleistung verpflichtet werden können, insbesondere im Hinblick auf schwache Gewerkschaften oder Betriebsräte.[200] Allgemein festgehalten werden kann an dieser Stelle aber, dass eine einmalige oder zumindest sehr seltene Überschreitung der arbeitszeitrechtlichen Grenze von acht Stunden nicht zugleich zu einer gesundheitlichen Beeinträchtigung des Arbeitnehmers führt.[201] Würde der Arbeitnehmer aus dem Ausgangsbeispiel also an der Telefonkonferenz teilnehmen, was nach diesem Vorschlag vereinfacht kollektivrechtlich ermöglicht werden könnte, so würde er hiervon sicherlich nicht gleich eine gesundheitliche Beeinträchtigung davon tragen. Auf Dauer kann dies allerdings der Fall sein. Dies gilt insbesondere im Hinblick darauf, dass der Änderungsvorschlag nur für eine gelegentliche und im Einzelfall bestehende Überschreitung der Zehn-Stunden-Grenze einen Ausgleichszeitraum vorsieht, es aber offen lässt, einen solchen grundsätzlich für jede über die acht Stunden hinausgehende Verlängerung der Arbeitszeit festzusetzen. Der Änderungsvorschlag ist deshalb aus den genannten Gründen abzulehnen.

Als weitere Möglichkeit zur Aufbrechung der strengen werktäglichen Vorschrift des deutschen Arbeitszeitrechts wird der Vorschlag vertreten, die

---

[200] Wiebauer, NZA 2016, 1430, 1434 der von einer Angst der Gewerkschaften berichtet, neu geschaffene Öffnungsklauseln würden den Druck auf nationaler Ebene zur Wahrnehmung dieser erhöhen.

[201] Krause, Digitalisierung der Arbeitswelt, B7, B40.

Höchstarbeitszeit entsprechend der EG-Arbeitszeitrichtlinie von einer werktäglichen Höchstarbeitszeit in eine wöchentliche Höchstarbeitszeit von 48 Stunden zu ändern.[202]

Positiv kann an diesem Änderungsvorschlag hervorgehoben werden, dass eine flexible Verteilung der Arbeitsstunden innerhalb der Woche ermöglicht wird, ohne dass die Arbeitnehmer in Summe zu mehr Arbeit verpflichtet werden.[203] Der Arbeitnehmer aus dem Ausgangsbeispiel könnte also auch hier problemlos an der Telefonkonferenz teilnehmen. Allerdings ist im Hinblick auf die fehlende ausdrückliche Höchstgrenze der Arbeitszeit pro Werktag darauf hinzuweisen, dass sich der deutsche Gesetzgeber 1994 bei der Aufrechterhaltung des Achtstundentages bewusst von arbeitsmedizinischen Erkenntnissen und Erfahrungen[204] hat leiten lassen, welche auch heute noch Geltung haben.[205] Zwar kann argumentiert werden, dass sich eine werktägliche Höchstarbeitszeit von 13 Stunden, wie auch auf europäischer Ebene, mittelbar aus der 11 stündigen Ruhezeit ergibt, diese kann allerdings auch schon bereits de lege lata per kollektivvertraglicher Verlängerung erreicht werden.[206] Dass die mit diesen Vorschriften verbundenen Einschränkungen zu wirtschaftlich erheblichen Fehlentwicklungen führen, ist zumindest bislang nicht eindeutig belegt.[207] Eine Anpassung des deutschen Arbeitszeitrechts an die wöchentliche

---

202 BDA, Positionspapier, S. 3; Bosch, Stellungnahme zum Grünbuch Arbeiten 4.0, S. 12; Hanau, NJW 2016, 2613, 2617; Jacobs, NZA 2016, 733, 736; *Wolf* in Giesen/Junker/Rieble, Industrie 4.0 als Herausforderung des Arbeitsrechts, 61, 66; wohl auch Günther/Böglmüller, NZA 2015, 1025, 1028.

203 *Wolf* in Giesen/Junker/Rieble, Industrie 4.0 als Herausforderung des Arbeitsrechts, 61, 66.

204 BT-Drs. 12/5888, S. 24.

205 Kivimäki et al., Lancet 386 (2015), 1739, 1739: Eine Untersuchung von 603.838 Personen hat ergeben, dass das Risiko, einen Herzinfarkt zu erleiden ab einer Arbeitszeit von 55 Stunden die Woche, drei mal größer ist, als bei einer Arbeitszeit von 35 bis 40 Stunden die Woche.

206 Eine Verlängerung der Arbeitszeit ist im Fall von § 7 Abs. 1 lit. a ArbZG bspw. auf bis zu 13 Stunden, nach Ansicht einiger auch bis zu 24 Stunden (vgl. Anzinger/Koberski, § 7 ArbZG Rn. 25; Baeck/Deutsch, § 7 ArbZG Rn. 55; Schliemann, § 7 ArbZG Rn. 43; a.A. etwa Neumann/Biebl, § 7 ArbZG Rn. 19 m.w.N.) abzüglich der Ruhepausen, möglich.

207 Krause, Digitalisierung der Arbeitswelt, B7, B40 f.; Krause, NJW-Beil. 2016, 33, 34.

Regelung der EG-Arbeitszeitrichtlinie, was selbstverständlich richtlinienkonform wäre[208], ist somit mit Blick auf die bereits bestehenden kollektivvertraglichen Verlängerungsmöglichkeiten der werktäglichen Arbeitszeit nicht erforderlich.

Dennoch soll an dieser Stelle nicht abgesprochen werden, dass dem deutschen Gesetzgeber bei der Höchstarbeitszeit ein gewisser Handlungsspielraum zusteht, den er bislang noch nicht vollkommen ausgeschöpft hat. Denkbar wäre bspw. auch eine gesetzliche Öffnung in Sonderfällen mit einer zeitgleichen Begrenzung auf eine bestimmte Mengenanzahl.[209] So könnte z.B. beiden Parteien des Arbeitsverhältnisses ein Mal im Monat eine Verlängerung der Arbeitszeit über die Zehn-Stunden-Grenze hinaus bis zu einer Maximalzeit von 13 Stunden bei einer gleichzeitigen Verkürzung der Arbeitszeit etwa am nächsten Arbeitstag zugelassen werden.[210] Damit würde dem Arbeitgeber die Möglichkeit gegeben werden, in Ausnahmesituationen unter Inanspruchnahme seiner Arbeitnehmer schnell und adäquat reagieren zu können. Eine spontane Telefonkonferenz wie im Ausgangsbeispiel über die werktägliche Höchstarbeitszeit von zehn Stunden hinaus wäre somit kein arbeitszeitrechtliches Problem mehr. Aber auch dem Wunsch der Arbeitnehmer nach mehr Flexibilität in der Arbeitszeitgestaltung würde mit dieser Regelung nachgekommen werden. Der Arbeitnehmer könnte in Eigenverantwortung seine Arbeitszeit flexibler einteilen, sodass er bspw. an einem Tag länger arbeiten könnte, um an einem anderen Tag die Arbeit früher verlassen zu können. Von dem Schutzmantel des Arbeitszeitrechts wäre er aber weiterhin erfasst, denn wie bereits erörtert, führt eine einmalige oder seltene Überschreitung der arbeitszeitrechtlichen Grenzen nicht zugleich zu einer gesundheitlichen Beeinträchtigung des Arbeitnehmers.[211] Ohne einen wissenschaftlichen Beleg über eine gesundheitsverträgliche Mengenanzahl sollte dieser Ansatz allerdings nicht ernsthaft weiterverfolgt werden.[212]

---

208 *Wolf* in Giesen/Junker/Rieble, Industrie 4.0 als Herausforderung des Arbeitsrechts, 61, 66.

209 Krause, Digitalisierung der Arbeitswelt, B7, B41, im Ergebnis aber verneinend.

210 Krause, Digitalisierung der Arbeitswelt, B7, B40, im Ergebnis aber verneinend.

211 Krause, Digitalisierung der Arbeitswelt, B7, B40.

212 Krause, Digitalisierung der Arbeitswelt, B7, B41.

Im Ergebnis ist somit eine gesetzliche Änderung der Vorschrift der Höchstarbeitszeit mit Blick auf den Gesundheitsschutz nicht zu befürworten. Dem Argument der Gegenmeinung, dass ohne eine gesetzliche Änderung eine Lösung der arbeitszeitrechtlichen Probleme nicht erreicht werden kann, ist entgegen zu halten, dass de lege lata bereits ausreichende kollektivvertragliche Möglichkeiten zur Flexibilisierung der Arbeitszeit bestehen.[213] Eine gesetzliche Änderung würde zudem mit Blick auf die Rückläufigkeit der Tarifbindung in Deutschland auch ein falsches Zeichen setzen.[214] Des Weiteren würde es auch bei einer gesetzlichen Änderung sicherlich immer noch Fälle geben, bei denen das geänderte Gesetz zu keinem zufriedenstellenden Ergebnis führen könnte. Begründet werden kann dies damit, dass gesetzliche Vorschriften immer einer gewissen Pauschalisierung unterliegen um eine möglichst weite Anwendung zu erzielen, sodass nie jeder denkbare Einzelfall von einer gesetzlichen Vorschrift erfasst sein kann.[215] Zudem sind die bisher angeführten Fälle der Gegenmeinung zur Begründung eines Flexibilisierungsbedarfes, denen auch das Ausgangsbeispiel dieser Untersuchung entlehnt ist, auch bewusst plakativ gewählt, um eine gewisse suggestive Wirkung zu erzielen.[216] Es darf in Bezug auf das Ausgangsbeispiel sowie im Generellen aber auch genauso plakativ gefragt werden, ob es nicht die Pflicht des Arbeitgebers ist, insbesondere bei grenzüberschreitenden Arbeitstätigkeiten eine entsprechende Arbeitsorganisation vorzuhalten, um Überschreitungen der Höchstarbeitszeit zu vermeiden. Dies gilt es insbesondere deshalb zu fragen, weil dem Flexibilisierungsinteresse des Arbeitnehmers, seine Arbeitszeit flexibel über die Woche zu verteilen und damit eine Work-Life-Balance zu erhalten, bereits heute mit dem Instrument der Arbeitszeitkonten ausreichend begegnet werden kann, zumal die meisten Arbeitsverträge den Rahmen des potenziell möglichen Arbeitsvolumens von

[213] Auf diese wird in Kapitel *E. I. 2. Flexibilisierung der Arbeitszeit auf kollektivrechtlicher Ebene* im Detail eingegangen, S. 61 ff..

[214] Handelsblatt.com vom 18.11.2013, Tarifbindung in Unternehmen deutlich gesunken, http://www.handelsblatt.com/politik/deutschland/studie-tarifbindung-in-unternehmen-deutlich-gesunken/9093716.html (letzter Abruf 29.12.2016); BMAS, Weissbuch Arbeiten 4.0, S. 120.

[215] Krause, Digitalisierung der Arbeitswelt, B7, B40.

[216] Krause, Digitalisierung der Arbeitswelt, B7, B40.

48 Stunden bei einer Sechs-Tage-Woche nicht ausschöpfen.[217] Es liegt somit die Vermutung nahe, dass eine gesetzliche Ausdehnung der möglichen Höchstarbeitszeit allein dem Flexibilisierungsinteresse des Arbeitgebers dienen würde, was unter Ausgleichsgesichtspunkten nicht zu befürworten ist.

b) Ruhezeit

Das deutsche Arbeitszeitrecht fordert in § 5 Abs. 1 ArbZG eine ununterbrochene Ruhezeit von mindestens elf Stunden nach Beendigung der täglichen Arbeitszeit.

Auf europäischer Ebene wird in Art. 3 RL 2003/88/EG ebenfalls eine Ruhezeit von elf zusammenhängenden Stunden pro 24-Stunden-Zeitraum gefordert.

Sowohl im deutschen als auch im europäischen Recht ist somit eine Ruhezeit von elf zusammenhängenden Stunden festgelegt. § 5 Abs. 1 ArbZG setzt Art. 3 RL 2003/88/EG somit unionsrechtskonform um.[218]

Als Ruhezeit wird die Zeit bezeichnet, innerhalb der der Arbeitgeber vom Arbeitnehmer keine Arbeitsleistung fordern darf.[219] Auch freiwillig angebotene Arbeitsleistungen des Arbeitnehmers dürfen vom Arbeitgeber weder angenommen noch geduldet werden.[220]

Bei einer Unterbrechung der Ruhezeit durch eine Arbeitsaufnahme des Arbeitnehmers vor Ablauf der elften Stunde ist der Arbeitgeber dazu verpflich-

---

217 Schubert/Jerchel, WSI Mitteilungen 2/2011, 76, 77.

218 Krause, Digitalisierung der Arbeitswelt, B7, B41; *Ulber* in Preis/Sagan, Europ. AR, § 6 Rn. 243.

219 Anzinger/Koberski, § 5 ArbZG Rn. 12; Krause, Digitalisierung der Arbeitswelt, B7, B41; vgl. auch Art. 2 Nr. 2 RL 2003/88/EG.

220 Anzinger/Koberski, § 5 ArbZG Rn. 12.

tet, die volle Ruhezeit im Anschluss an die Unterbrechung erneut zu gewähren.[221] Dies gilt unabhängig davon, ob die Arbeitsaufnahme durch den Arbeitgeber angeordnet worden ist oder auf einer Eigeninitiative des Arbeitnehmers beruht.[222]

Im Hinblick auf verschiedene Arbeitskonstellationen in der digitalen Arbeitswelt sind die Dauer der Ruhezeit und die Verpflichtung des Arbeitgebers zur erneuten Gewährung der vollen Ruhezeit bei einer Unterbrechung dieser problematisch. Beispielsweise hat die derzeitige Vorschrift bei einer Freizeittätigkeit[223] des Arbeitnehmers, wie dem kurzen Lesen von E-Mails am späten Abend um 23.00 Uhr, zur Konsequenz, dass die reguläre Arbeit frühestens erst wieder um 10.00 Uhr des Folgetages aufgenommen werden darf. Dies gilt auch dann, wenn der Arbeitnehmer bspw. am Nachmittag die Arbeit früher verlassen hat und somit in Summe nicht mehr arbeitet, als wenn er normal sein tägliches Soll an Arbeitsstunden an seinem betrieblichen Arbeitsplatz erbracht hätte.[224] Dieses Ergebnis ist sowohl auf Arbeitnehmer- als auch auf Arbeitgeberseite nicht zufriedenstellend. Es ist deshalb über eine Änderung der Vorschrift der Ruhezeit nachzudenken.

(1) Neubeginn der Ruhezeit

Zur Behebung des Problems des Neubeginns der Ruhezeit bei einer Unterbrechung dieser vor Ablauf der elf Stunden wird von einem Teil der Literatur vertreten, geringfügige Arbeitstätigkeiten seien bei der Qualifizierung

---

221 Anzinger/Koberski, § 5 ArbZG Rn. 12; Baeck/Deutsch, § 5 ArbZG Rn. 13; Jacobs, NZA 2016, 733, 736; Kohte, NZA 2015, 1417, 1423; Krause, Digitalisierung der Arbeitswelt, B7, B41; Schuchart, AuR 2016, 341, 342; *Ulber* in Preis/Sagan, Europ. AR, § 6 Rn. 152; *Wank* in ErfK, § 5 ArbZG Rn. 4; Wiebauer, NZA 2016, 1430, 1433; *Wolf* in Giesen/Junker/Rieble, Industrie 4.0 als Herausforderung des Arbeitsrechts, 61, 64.

222 Anzinger/Koberski, § 5 ArbZG Rn. 12; Krause, Digitalisierung der Arbeitswelt, B7, B41; Schliemann, § 5 ArbZG Rn. 10; in diesem Sinne auch BAG, Urt. v. 05.07.1976 – 5 AZR 264/75, DB 1976, 1868, 1869.

223 Allein die ständige Erreichbarkeit ohne eine Inanspruchnahme des Arbeitnehmers führt entsprechend den Regelungen zur Rufbereitschaft nicht zu einem Konflikt, vgl. Falder, NZA 2010, 1150, 1152.

224 Im Zusammenhang mit einem anderen Beispiel so auch Krause, Digitalisierung der Arbeitswelt, B7, B42.

einer Unterbrechung der Ruhezeit unberücksichtigt zu lassen.[225] Häufig genannte Beispiele für eine geringfügige Arbeitstätigkeit sind das kurze Auskunft geben per Telefon oder das kurze Schreiben einer E-Mail.[226] Das kurze Lesen von E-Mails, wie im Ausgangsbeispiel, dürfte dementsprechend auch eine geringfügige Arbeitstätigkeit darstellen und würde demnach nicht zu einer Unterbrechung und damit verbunden zu einem Neubeginn der Ruhezeit führen. Grundgedanke dieses Ansatzes ist, dass eine sehr kurze Unterbrechung der Ruhezeit nicht zu einer sofortigen Störung des Erholungszweckes der Ruhezeit führt.[227] Argumentationsfutter für diesen Ansatz liefern zudem auch zwei ältere Urteile des BAG, nach denen das Abschließen und Lichtausschalten durch den Hausmeister nach Beendigung einer abendlichen Veranstaltung in einer Sporthalle nicht als Unterbrechung der elfstündigen Ruhezeit zu werten ist.[228] In beiden Urteilen bestand ein Bereitschaftsdienst des Hausmeisters, welcher damals noch als Ruhezeit, heute jedoch

225 Anzinger/Koberski, § 2 ArbZG Rn. 56, § 5 ArbZG Rn. 13; Baeck/Deutsch, § 5 ArbZG Rn. 14; Bissels/Meyer-Michaelis, DB 2015, 2331, 2333; Bosch, Stellungnahme zum Grünbuch Arbeiten 4.0, S. 12; *Gäntgen* in Henssler/Willemsen/Kalb, AR Kommentar, § 5 ArbZG Rn. 2; Reinhard, ArbRB 2012, 186, 187; Schliemann, § 5 ArbZG Rn. 9; im Ergebnis auch, Günther/Böglmüller, NZA 2015, 1025, 1028; Hanau, NJW 2016, 2613, 2617; Jacobs, NZA 2016, 733, 737; Wisskirchen/Bissels/Domke, DB 2010, 2052, 2054; Wisskirchen/Schiller, DB 2015, 1163, 1167; *Wolf* in Giesen/Junker/Rieble, Industrie 4.0 als Herausforderung des Arbeitsrechts, 61, 65; wohl auch Schlegel, NZA-Beil. 2014, 16, 20; Thüsing, SR 2016, 87, 98; Wirtz, BB 2014, 1397, 1401.

226 Anzinger/Koberski, § 5 ArbZG Rn. 13 f.; Baeck/Deutsch, § 5 ArbZG Rn. 14; Bissels/Meyer-Michaelis, DB 2015, 2331, 2333; Reinhard, ArbRB 2012, 186, 188; Wirtz, BB 2014, 1397, 1401; Wisskirchen/Bissels/Domke, DB 2010, 2052, 2054; *Wolf* in Giesen/Junker/Rieble, Industrie 4.0 als Herausforderung des Arbeitsrechts, 61, 65; bei „freiwilligen" kurzen Tätigkeiten des Arbeitnehmers auch *Vogelsang* in Schaub, AR-Handbuch, § 158 Rn. 5.

227 Bissels/Meyer-Michaelis, DB 2015, 2331, 2333; Günther/Böglmüller, NZA 2015, 1025, 1028; Jacobs, NZA 2016, 733, 737; Reinhard, ArbRB 2012, 186, 187; Schuchart, Ständige Erreichbarkeit im Arbeitsverhältnis, 175, 206; Wisskirchen/Bissels/Domke, DB 2010, 2052, 2054; Wisskirchen/Schiller, DB 2015, 1163, 1167.

228 BAG, Urt. v. 13.11.1986 – 6 AZR 567/83 Rn. 33 – juris; BAG, Urt. v. 26.01.1989 – 6 AZR 566/86 Rn. 31- juris.

als Arbeitszeit zu werten ist.[229] Obwohl bei beiden Entscheidungen Bereitschaftsdienst und nicht, entsprechend der Qualifikation der ständigen Erreichbarkeit, Rufbereitschaft vorlag, ist es möglich, die Entscheidungen so zu lesen, dass geringfügige Arbeitstätigkeiten nicht zu einer Unterbrechung der Ruhezeit führen.[230]

Obwohl der Ansatz positiv zumindest bei geringfügigen Arbeitstätigkeiten eine Flexibilisierung der Ruhezeit ermöglicht, ist er in Übereinstimmung mit der überwiegenden Meinung mit Blick auf seine inhaltlichen Schwächen abzulehnen.[231] Eine inhaltliche Schwäche ist zum einen darin zu sehen, dass eine eindeutige Abgrenzung des Zeitpunktes, ab dem eine Tätigkeit ihren geringfügigen Arbeitscharakter verliert, nicht möglich ist.[232] Die Grenzziehung würde möglicherweise von individuellen Faktoren, wie bspw. davon, wie viel Zeit ein Arbeitnehmer zum Schreiben einer E-Mail auf dem Smart-

---

229 EuGH, Urt. v. 03.10.2000 – Rs. C-303/98, Slg. 2000, I-07963 Rn. 52 ff. - Simap; EuGH, Urt. v. 03.07.2001 – Rs. C-241/99, Slg. 2001, I-51397 Rn. 33 f. - CIG; EuGH, Urt. v. 09.09.2003 – Rs. C-151/02, Slg. 2003, I-08389 Rn. 49 ff. - Jaeger; EuGH, Urt. v. 05.10.2004 – Rs. C-397/01, Slg. 2004, I-08835, Rn. 93 – Pfeiffer; EuGH, Urt. v. 01.12.2005 – Rs. C-14/04, Slg. 2005, I-10253 Rn. 46 – Dellas; EuGH, Urt. v. 25.11.2010 – Rs. C-429/09, Slg. 2010, I-12167 Rn. 55 - Fuß; BAG, Beschl. v. 18.02.2003 – 1 ABR 2/02, BAGE 105, 32, 41 ff.; BAG, Urt. v. 16.03.2004 - 9 AZR 93/03, BAGE 110, 60, 64; BAG, Urt. v. 11.07.2006 – 9 AZR 519/05, BAGE 119, 41, 50; Baeck/Deutsch, § 2 ArbZG Rn. 43; *Gallner* in Franzen/Gallner/Oetker, Kommentar z. Europ. AR, Art. 2 RL 2003/88/EG Rn. 8; Jacobs, NZA 2016, 733, 735; Ricken, DB 2016, 1255, 1255; Schlegel, NZA-Beil. 2014, 16, 19; *Wank* in ErfK, § 2 ArbZG Rn. 23; Wiebauer, NZA 2016, 1430, 1432; Wisskirchen/Bissels/Domke, DB 2010, 2052, 2054.

230 So auch Krause, Digitalisierung der Arbeitswelt, B7, B42; Schuchart, Ständige Erreichbarkeit im Arbeitsverhältnis, 175, 206.

231 Buschmann/Ulber, § 5 ArbZG Rn. 2; Falder, NZA 2010, 1150, 1152 f.; Gaul, DB 2013, 60, 61 f.; Krause, Digitalisierung der Arbeitswelt, B7, B42; Raif/Nann, GWR 2016, 221, 223; Schuchart, Ständige Erreichbarkeit im Arbeitsverhältnis, 175, 207 f.; *Ulber* in Preis/Sagan, Europ. AR, § 6 Rn. 128; Wank, RdA 2014, 285, 289; Zöll/Kielkowski, BB 2012, 2625, 2628.

232 Däubler, Internet und Arbeitsrecht, S. 115; Falder, NZA 2010, 1150, 1152; Maier/Ossoinig, DB 2015, 2391, 2392; Schuchart, Ständige Erreichbarkeit im Arbeitsverhältnis, 175, 208.

phone benötigt, abhängig gemacht werden und wäre damit stark willkürlich.[233] Zum anderen sind aber auch nur sehr kurze Unterbrechungen dazu geeignet, den Erholungszweck der Ruhezeit zu stören. Selbst Vertreter des Ansatzes räumen ein, dass das Schreiben einer kurzen E-Mail häufig einer gewissen Vorarbeit bedarf.[234] In Konsequenz führt dies dazu, dass das kurze Schreiben einer E-Mail aus der eingangs genannten beispielhaften Aufzählung wieder herausfallen muss, da die Arbeitstätigkeit nicht mehr geringfügig, sondern länger andauern und damit als über den geringfügigen Arbeitscharakter hinausgehend einzustufen ist. Zudem ist es möglich, dass mit dem Absenden der E-Mail nicht sofort wieder eine qualitativ gleichwertige Ruhezeit erreicht werden kann, da der Arbeitnehmer gedanklich noch bei arbeitsrelevanten Inhalten ist. D.h. ein „Abschalten“ ist schwieriger möglich. Dies verdeutlicht die zweite inhaltliche Schwäche dieses Ansatzes.

Einen besseren inhaltlichen Ansatz bietet der Änderungsvorschlag, dass eine geringfügige Arbeitstätigkeit und eine damit verbundene Unterbrechung der Ruhezeit nicht zu einem Neubeginn in Gänze, sondern zu einer der geringfügigen Tätigkeit entsprechenden Verkürzung der Ruhezeit führt.[235] Vor oder nach der unterbrechenden Arbeitstätigkeit soll aber ein Zeitraum von zumindest neun zusammenhängenden Stunden verbleiben.[236]Von einer geringfügigen Arbeitstätigkeit soll dann gesprochen werden können, wenn die Arbeitstätigkeit einen Zeitraum von nicht mehr als 15 Minuten in Anspruch nimmt.[237]

In Erweiterung des Änderungsvorschlages der Kürzung ist auch denkbar, eine geringfügige Tätigkeit als Pause der Ruhezeit zu werten. Dies hätte zur

[233] Falder, NZA 2010, 1150, 1152.

[234] *Gäntgen* in Henssler/Willemsen/Kalb, AR Kommentar, § 5 ArbZG Rn. 2.

[235] Krause, Digitalisierung der Arbeitswelt, B7, B46; Krause, NJW-Beil. 2016, 33, 34; in diese Richtung auch Däubler, Internet und Arbeitsrecht, S. 120; Wank, RdA 2014, 285, 289; Wiebauer, NZA 2016, 1430, 1434.

[236] Krause, Digitalisierung der Arbeitswelt, B7, B46; Krause, NJW-Beil. 2016, 33, 34; ähnlich mit 7 Stunden Wiebauer, NZA 2016, 1430, 1434.

[237] Krause, Digitalisierung der Arbeitswelt, B7, B46; Krause, NJW-Beil. 2016, 33, 34; Wiebauer, NZA 2016, 1430, 1434; ebenso Wirtz, BB 2014, 1397, 1397 allerdings unter dem zuerst vorgestelltem Ansatz; enger mit 10 Minuten Däubler, Internet und Arbeitsrecht, S. 120.

Konsequenz, dass die verbleibende Ruhezeit nach Beendigung der geringfügigen Tätigkeit ungekürzt weiterläuft. Aus Gründen des Gesundheitsschutzes hat auch hier, wie bereits bei dem Vorschlag der Kürzung, vor oder nach der unterbrechenden Arbeitstätigkeit ein Zeitraum von zumindest neun zusammenhängenden Stunden zu verbleiben. Dies muss nicht zuletzt auch deshalb gelten, weil sich viele Arbeitnehmer vor der Entgrenzung der Arbeit fürchten. Diese Arbeitnehmer sind bei Änderungen aber ebenso zu berücksichtigen wie die Arbeitnehmer, die aus einer flexiblen Arbeitszeitgestaltung persönliche Vorteile ziehen.[238]

Mit Blick darauf, dass bei dem Vorschlag des Pausierens in Summe die elf Stunden der ursprünglichen Ruhezeit erhalten bleiben, ist dieser zu präferieren. Für das Ausgangsbeispiel, bei dem der Arbeitnehmer um 23 Uhr nochmals kurz seine E-Mails liest, bedeutet dies Folgendes: Unter der Annahme, dass eine Ruhezeit von neun zusammenhängenden Stunden vor der unterbrechenden Arbeitstätigkeit noch nicht gewährt wurde, ist ein Arbeitsbeginn um 8.15 Uhr möglich, sofern das Lesen der E-Mails nicht länger als 15 Minuten andauerte.

Auch wenn keine absolute Flexibilität über diesen Änderungsvorschlag erreicht werden kann, so kommen die Konsequenzen den Interessen der Arbeitnehmer als auch den der Arbeitgeber wesentlich näher, als das Ergebnis de lege lata ohne dabei die inhaltlichen Schwächen des zu aller erst vorgestellten Ansatzes aufzuweisen. In Bezug auf die Interessen des Arbeitnehmers gilt dies insbesondere auch deshalb, weil es diesem häufig aufgrund von festen Terminen, bspw. strengen Kinderbetreuungszeiten, nichts nützt, wenn er sich bei einer kurzen Tätigkeit am Abend am Folgetag in der Früh ausschlafen kann. Im Gegenteil, es könnte ihm wie im Beispiel erschweren Familie und Beruf vereinbaren zu können. Der Änderungsvorschlag des Pausierens bietet somit inhaltlich ein adäquates Ergebnis zur Problembegegnung des Neubeginns der Ruhezeit.

Neben der inhaltlichen Ausgestaltung ist mit Blick auf das europäische Arbeitszeitrecht aber auch zu fragen, ob solche Einschränkungen, wie die soeben dargestellten, überhaupt unionsrechtskonform in einer gesetzlichen

---

[238] Vgl. Kapitel *C. I. Arbeitnehmerseite*, S. 8 ff..

Vorschrift umgesetzt werden können. In diesem Zusammenhang ist zunächst klar, dass die EU-Mitgliedstaaten nicht dazu berechtigt sind, die Vorgaben der EG-Arbeitszeitrichtlinie zu unterlaufen, indem sie Arbeit einfach als geringfügige Arbeit einstufen und die Tätigkeit somit aus dem Geltungsbereich des Arbeitszeitrechts herausnehmen.[239] Im Hinblick auf die generell strenge Rechtsprechung des EuGH im Arbeitszeitrecht ist auch nicht davon auszugehen, dass dieser eine entsprechende Einschränkung in Art. 3 RL 2003/88/EG hineininterpretiert.[240] Dies gilt insbesondere im Hinblick darauf, dass, wie bereits erwähnt, eine dritte Kategorie zwischen Arbeits- und Ruhezeit nicht existiert.[241]Der Vorschlag zwischen geringfügigen und nicht geringfügigen Arbeitstätigkeiten zu differenzieren ist somit nicht nur, wie bereits erörtert, mit Blick auf seine inhaltlichen, sondern auch mit Blick auf seine unionsrechtlichen Schwächen abzulehnen. Hinzu kommt, dass es systemwidrig wäre, jede noch so kleine Tätigkeit unabhängig von ihrer Intensität und Dauer[242] als Arbeitszeit zu werten und deshalb auch auf die Höchstarbeitszeit anzurechnen, bei der Unterbrechung der Ruhezeit dann aber genau danach differenzieren zu wollen.[243] An dieser Stelle sei darauf hingewiesen, dass Gefälligkeiten oder Tätigkeiten allein im Interesse des Arbeitnehmers keine Unterbrechung der Ruhezeit rechtfertigen, da sie per se schon keine Arbeitszeit darstellen.[244]

---

239 *Ernst* in Däubler et al., AR, § 5 Rn. 8; Falder, NZA 2010, 1150, 1152 f.; Kohte, NZA 2015, 1417, 1423; Krause, Digitalisierung der Arbeitswelt, B7, B46; *Ulber* in Preis/Sagan, Europ. AR, § 6 Rn. 99; Wank, RdA 2014, 285, 289.

240 Krause, Digitalisierung der Arbeitswelt, B7, B46 f.; Wank, RdA 2014, 285, 289.

241 EuGH, Urt. v. 03.10.2000 – Rs. C-303/98, Slg. 2000, I-07963 Rn. 47- Simap; EuGH, Urt. v. 09.09.2003 – Rs. C-151/02, Slg. 2003 I-08389 Rn. 48 – Jaeger; EuGH, Urt. v. 01.12.2005 – Rs. C-14/04, Slg. 2005, I-10253 Rn. 43 – Dellas; EuGH, Urt. v. 10.09.2015 – Rs. C-266/14, NZA 2015, 1177, 1178 – Tyco m.w.N.; so auch Jacobs, NZA 2016, 733, 736; Schlegel, NZA-Beil. 2014, 16, 18; Wiebauer, NZA 2016, 1430, 1433.

242 EuGH, Urt. v. 01.12.2005 – Rs. C-14/04, Slg. 2005, I-10253 Rn. 43 – Dellas; ebenso Baeck/Deutsch, § 2 ArbZG Rn. 3; Krause, Digitalisierung der Arbeitswelt, B7, B35.

243 Falder, NZA 2010, 1150, 1152.

244 Krause, Digitalisierung der Arbeitswelt, B7, B36 f. und B43; Schuchart, Ständige Erreichbarkeit im Arbeitsverhältnis, 175, 179.

Eine hinreichende Grundlage für eine allgemein gesetzliche Vorschrift, um auf den europarechtlichen Rahmen zurückzukommen, ist aber auch nicht in Art. 17 Abs. 1 RL 2003/88/EG sowie in Art. 17 Abs. 2 und 4 lit. b RL 2003/88/EG zu finden, da diese tätigkeitsbezogen sind und allgemeine Arbeitszeitkonzepte nicht abdecken.[245] Auch Art. 20 Abs. 1 RL 2003/88/EG hilft nicht weiter.[246] Unter den dort erwähnten „mobilen Arbeitnehmern" sind nicht die Arbeitnehmer zu verstehen, die aus ihrer privaten Sphäre heraus arbeiten, sondern lediglich das fahrende und fliegende Personal (vgl. Art. 2 Nr. 7 RL 2003/88/EG).

Zur Schaffung einer gesetzlichen Vorschrift auf nationaler Ebene ist somit ein Tätigwerden des europäischen Gesetzgebers notwendig.

Dennoch ist trotz der mangelnden Möglichkeit des deutschen Gesetzgebers zur Änderung in Form einer gesetzlichen Vorschrift, nicht unberücksichtigt zu lassen, dass sowohl Arbeitnehmer als auch Arbeitgeber ein Interesse an der Flexibilisierung der Ruhezeit haben. Es ist deshalb danach zu fragen, ob die vorgestellte Änderung des Pausierens der Ruhezeit bei einer geringfügigen Unterbrechung nicht doch innerhalb der europarechtlichen Grenzen umgesetzt werden kann. Das Einfallstor hierfür bietet Art. 18 Unterabs. 2 RL 2003/88/EG, der eine Ausnahme von der in Art. 3 RL 2003/88/EG festgelegten Ruhezeit per Tarifvertrag oder Vereinbarung zwischen den Sozialpartnern zulässt.[247] Eine Abweichung könnte vom deutschen Gesetzgeber somit im Rahmen eines Tarifvertrages in Ergänzung des § 7 ArbZG wie folgt zugelassen werden:

In einem Tarifvertrag oder aufgrund eines Tarifvertrages in einer Betriebs- oder Dienstvereinbarung kann zugelassen werden, dass geringfügige Unterbrechungen der Ruhezeit bis zu einem Zeitraum von maximal 15 Minuten

---

[245] Krause, Digitalisierung der Arbeitswelt, B7, B47; Krause, NJW-Beil. 2016, 33, 34; Wiebauer, NZA 2016, 1430, 1434.

[246] Krause, Digitalisierung der Arbeitswelt, B7, B47.

[247] Für den Vorschlag der Kürzung so auch Krause, Digitalisierung der Arbeitswelt, B7, B46; a.A. aufgrund genereller Schwäche des Vorschlages Schuchart, Ständige Erreichbarkeit im Arbeitsverhältnis, 175, 208.

lediglich zu einem Pausieren mit anschließendem Fortlauf der verbleibenden Ruhezeit führen, sofern vor oder nach der Unterbrechung eine Ruhezeit von mindestens neun zusammenhängenden Stunden bestehen bleibt.

Der Vollständigkeit halber ist an dieser Stelle aber darauf hinzuweisen, dass eine Umsetzung dieses Änderungsvorschlages unter Anknüpfung an Art. 18 Unterabs. 2 RL 2003/88/EG keineswegs zweifelsfrei ist, so dass ein gewisses Restrisiko eines Richtlinienbruches verbleibt.[248]

(2) Dauer der Ruhezeit

Das Problem der Dauer der Ruhezeit kann ebenso, wie bereits das Problem der Unterbrechung mit anschließendem Neubeginn der Ruhezeit, wenn überhaupt nur im Rahmen der Tarifdispositivität gelöst werden. Eine Flexibilisierung im Wege des Gesetzes ist weder von Art. 17 Abs. 1 RL 2003/88/EG noch von Art. 17 Abs. 2 und 4 lit. b RL 2003/88/EG gedeckt.[249]

Bei einer Änderung der Dauer der Ruhezeit ist zu beachten, dass die Flexibilisierungsinteressen von Arbeitnehmer und Arbeitgeber nur zu Teilen parallel verlaufen. Eine Parallelität ist nicht gegeben bei Arbeitstätigkeiten, die durch ein nicht zu bewältigendes Arbeitspensum „on top" geleistet werden, allerdings schon bei Arbeitstätigkeiten, die durch ein Autonomiebestreben des Arbeitnehmers begründet sind, bei denen bspw. abends gearbeitet wird, um tagsüber Familien- oder Freizeittätigkeiten nachzugehen.[250] Das Interesse des Arbeitgebers an der Möglichkeit seinen Arbeitnehmern eine ge-

248 In Bezug auf die Wertung einer Tätigkeit in der Ruhezeit als Arbeitszeit nicht aber als Unterbrechung vgl. Wank, RdA 2014, 285, 289; Wiebauer, NZA 2016, 1430, 1434. Vgl. hierzu auch Kapitel *E. I. 2. c. Vereinbarkeit des § 7 ArbZG mit der Arbeitszeitrichtlinie 2003/88/EG*, S. 67 ff..

249 Krause, Digitalisierung der Arbeitswelt, B7, B45.

250 Krause, Digitalisierung der Arbeitswelt, B7, B44.

wisse Arbeitszeitautonomie zu gewähren wird nicht zuletzt durch den bestehenden „war of talents“[251] und die Tatsache, dass insbesondere junge Arbeitnehmer diese Freiheit einfordern, begründet.[252]

Ausgangspunkt für eine gesetzliche Weiterentwicklung bietet § 7 Abs. 1 Nr. 3 ArbZG, der die Möglichkeit zur Verkürzung der Ruhezeit um bis zu zwei Stunden per Tarifvertrag oder aufgrund eines Tarifvertrages per Betriebsvereinbarung beinhaltet, sofern die Art der Arbeit dies erfordert und die Kürzung innerhalb eines festzulegenden Ausgleichszeitraums ausgeglichen wird.[253] Vergleicht man Art. 18 Unterabs. 2 i.V.m. Unterabs. 3 RL 2003/88/EG mit dem darauf gestützten § 7 Abs. 1 Nr. 3 ArbZG, so wird deutlich, dass § 7 Abs. 1 Nr. 3 ArbZG gegenüber Art. 18 Unterabs. 2 i.V.m. Unterabs. 3 RL 2003/88/EG u.a. die einschränkende Voraussetzung der „Art der Arbeit“ beinhaltet.[254] Der mit der europäischen Regelung eingeräumte Handlungsspielraum ist somit seitens des deutschen Gesetzgebers noch nicht vollkommen ausgereizt.[255] Ein weiteres Ausreizen ist mit Blick auf das parallel verlaufende Flexibilisierungsinteresse von Arbeitnehmer und Arbeitgeber jedoch in der Art zu befürworten, dass in § 7 Abs. 1 ArbZG eine weitere Öffnungsklausel eingefügt wird, die gerade die Voraussetzung der „Art der Arbeit“ nicht beinhaltet.[256] Mit der fehlenden Voraussetzung der

---

[251] Werle, KarriereSpiegel vom 01.05.2012, Mehr Geld für wenig Arbeit, http://www.spiegel.de/karriere/fachkraefte-war-for-talents-und-erwartungen-der-generation-y-a-829778.html (letzter Abruf 10.12.2016); in diese Richtung auch ohne den Begriff direkt zu nennen *Wolf* in Giesen/Junker/Rieble, Industrie 4.0 als Herausforderung des Arbeitsrechts, 61, 63; Steffan, NZA 2015, 1409, 1411; in Bezug auf ältere Generationen auch Schlegel, NZA-Beil. 2014, 16, 20.

[252] Kienbaum-Studie, S. 6; so auch Steffan, NZA 2015, 1409, 1411.

[253] Weitere Möglichkeiten zur Verkürzung der Ruhezeit im Rahmen eines Tarifvertrages oder aufgrund eines Tarifvertrages per Betriebsvereinbarung ergeben sich unter engen Voraussetzungen aus § 7 Abs. 2 und Abs. 2a ArbZG. Eine weitere Möglichkeit zur Verkürzung der Ruhezeit bietet § 5 Abs. 2 ArbZG, vgl. Krause, Digitalisierung der Arbeitswelt, B7, B41.

[254] *Wolf* in Giesen/Junker/Rieble, Industrie 4.0 als Herausforderung des Arbeitsrechts, 61, 65.

[255] *Wolf* in Giesen/Junker/Rieble, Industrie 4.0 als Herausforderung des Arbeitsrechts, 61, 65.

[256] Bosch, Stellungnahme zum Grünbuch Arbeiten 4.0, S. 12; Jacobs, NZA 2016, 733, 737; Krause, Digitalisierung der Arbeitswelt, B7, B45; Krause, NJW-Beil.

„Art der Arbeit“ wird nämlich eine Verkürzung der Ruhezeit per kollektivrechtlicher Vereinbarung nicht nur bei betrieblichen Bedürfnissen („Art der Arbeit“), sondern auch bei Bedürfnissen der Arbeitnehmer nach einer größeren Zeitautonomie ermöglicht. Zur Verhinderung einer pauschalen Verkürzung der Ruhezeit von elf auf neun Stunden aus betrieblichen Gründen unter dem Vorwand der Bedürfnisse der Arbeitnehmer und einer damit verbundenen Aushöhlung der Ruhezeit als Zeit der Erholung von der Arbeit, ist die Möglichkeit zur Verkürzung der Ruhezeit aber auf eine bestimmte Anzahl von Fällen im Jahr zu beschränken.[257] Denn bei einer Verkürzung der Ruhezeit nur in Einzelfällen, ist schwerlich davon auszugehen, dass die Verkürzung zu ernsthaften Gesundheitsbeeinträchtigungen beim Arbeitnehmer führen würde.[258]

In dieselbe Richtung geht auch der Änderungsvorschlag, dass per kollektivvertraglicher Regelung eine Verkürzung der Ruhezeit auf bis zu acht Stunden möglich ist, sofern die Ruhezeit im Durchschnitt von sechs Monaten werktäglich mindestens elf Stunden beträgt und die Ruhezeit unter Einbeziehung von mindestens halbstündigen Pausen innerhalb eines 24-Stunden-Zeitraumes eingehalten wird sowie dass die Ruhezeitverkürzung durch private Belange des Arbeitnehmers begründet ist.[259]

Beide Änderungsvorschläge haben gemeinsam, dass sie positiv zur Flexibilisierung der Ruhezeit führen und damit den Interessen der Arbeitgeber als auch den der Arbeitnehmer begegnen. Der Arbeitgeber kann somit seinen Arbeitnehmern mehr Zeitsouveränität gewähren, ohne Gefahr laufen zu müssen, gegen die Vorgaben des ArbZG zu verstoßen.[260] Dass bei diesen Änderungsvorschlägen keine absolute Flexibilität erreicht wird, da sowohl die Kürzung auf maximal zwei bzw. drei Stunden begrenzt ist als auch ein

---

2016, 33, 34; *Wolf* in Giesen/Junker/Rieble, Industrie 4.0 als Herausforderung des Arbeitsrechts, 61, 65; gegen diesen Ansatz Wiebauer, NZA 2016, 1430, 1433 mit der Begründung, dass bereits ein sehr weiter Spielraum für die Tarifvertragsparteien besteht.

257 Krause, Digitalisierung der Arbeitswelt, B7, B45.

258 Krause, Digitalisierung der Arbeitswelt, B7, B45.

259 BVAU-Positionspapier, S. 3.

260 *Wolf* in Giesen/Junker/Rieble, Industrie 4.0 als Herausforderung des Arbeitsrechts, 61, 65.

entsprechender Ausgleichszeitraum beibehalten wird, ist mit dem Schutz des Arbeitnehmers zu begründen. Die Gewährung eines Ausgleichszeitraumes ist zudem aus europarechtlichen Gründen notwendig (vgl. Art. 18 Unterabs. 3 RL 2003/88/EG). Eine Anpassung zur Flexibilisierung der Dauer der Ruhezeit könnte somit vom deutschen Gesetzgeber im Rahmen eines Tarifvertrages mit Präferenz für den ersten der beiden vorgestellten Änderungsvorschläge innerhalb der Regelung des § 7 Abs. 1 ArbZG zur Erweiterung der Arbeitszeitautonomie, allerdings nicht zum Ausgleich eines nicht zu schaffenden Arbeitspensums, mit demselben unionsrechtlichen Restrisiko wie bereits bei dem Neubeginn der Ruhezeit[261] wie folgt zugelassen werden:

In einem Tarifvertrag oder aufgrund eines Tarifvertrages in einer Betriebs- oder Dienstvereinbarung kann zugelassen werden, abweichend von § 5 Abs. 1 die Ruhezeit um bis zu zwei Stunden zu kürzen, wenn dies dem schriftlich nachweisbaren Willen des Arbeitnehmers entspricht und die Kürzung der Ruhezeit innerhalb eines festzulegenden Ausgleichszeitraumes ausgeglichen wird. Die Verkürzung ist auf eine gesundheitlich vertretbare Anzahl von Fällen im Jahr zu begrenzen.

c) Verbot der Sonn- und Feiertagsbeschäftigung

An Sonn- und Feiertagen ist eine Beschäftigung von Arbeitnehmern nach dem deutschen Arbeitszeitrecht gem. § 9 Abs. 1 ArbZG von 0 bis 24 Uhr grundsätzlich unzulässig.

Auf europäischer Ebene existiert eine entsprechende Vorschrift nicht mehr.[262] Der ehemalige Art. 5 Abs. 2 der RL 93/104/EG hatte i.V.m. dem zehnten Erwägungsgrund den Sonntag in die Mindestruhezeit zwar noch mit einbezogen, der EuGH hat diesen mit seiner Entscheidung vom 12.11.1996 allerdings für nichtig erklärt. Begründet hat der EuGH seine Entscheidung

---

[261] Überzeugt von einer Richtlinienkonformität unter Art. 18 Unterabs. 2 RL 2003/88/EG, Krause, Digitalisierung der Arbeitswelt, B7, B45.

[262] Anzinger/Koberski, Einführung ArbZG Rn. 61; Baeck/Deutsch, vor §§ 9 - 13 ArbZG Rn. 7; Jacobs, NZA 2016, 733, 737; Neumann/Biebl, § 9 ArbZG Rn. 1; *Ulber* in Preis/Sagan, Europ. AR, § 6 Rn. 48.

damit, dass die Qualifikation des Sonntags als arbeitsfreier Ruhetag in keinem engeren Zusammenhang mit der Gesundheit und der Sicherheit des Arbeitnehmers steht als ein anderer Wochentag.[263] Die ersatzlose Streichung des Art. 5 Abs. 2 der RL 93/104/EG erfolgte bereits mit Art. 1 Nr. 3 der RL 2000/34/EG, die zur Änderung der RL 93/104/EG erlassen wurde. Eine entsprechende Regelung ist daher auch in der heutigen konsolidierten Fassung der RL 2003/88/EG nicht mehr zu finden. Art. 5 RL 2003/88/EG enthält heute nur noch eine kontinuierliche Mindestruhezeit von 24 Stunden pro Siebentageszeitraum zuzüglich der Ruhezeit von elf Stunden aus Art. 3 RL 2003/88/EG, ohne den Sonntag explizit zu nennen.

Das deutsche Beschäftigungsverbot an Sonn- und Feiertagen geht somit über die europäischen Mindestvorgaben hinaus und leitet sich nicht direkt von diesen ab. Ausgangspunkt des Verbotes ist vielmehr die deutsche Verfassung selbst. Mit dem Verbot wird der in Art. 140 GG i.V.m. Art. 139 WRV geschützten institutionellen Garantie der Sonn- und Feiertagsruhe Rechnung getragen.[264]

In der digitalen Arbeitswelt ist das Beschäftigungsverbot an Sonn- und Feiertagen insbesondere im Hinblick auf die weltweite Vernetzung problematisch.[265] Denn zum einen sind die Sonn- und Feiertage global gesehen, zum Teil aber auch national[266], nicht vereinheitlicht, sodass die Sonn- und Feiertage in unterschiedlichen Ländern nicht die gleiche Bedeutung haben oder vielleicht auch gar nicht existieren.[267] Zum anderen beginnen und enden die

---

263 EuGH, Urt. v. 12.11.1996 – Rs. C-84/94, Slg. 1996, I-05755 Rn. 37 – Vereinigtes Königreich/Rat.

264 Anzinger/Koberski, § 9 ArbZG Rn. 2; Baeck/Deutsch, § 9 ArbZG Rn. 3; Buschmann/Ulber, § 9 ArbZG Rn. 1; Falder, NZA 2010, 1150, 1153; Greiner, ZfA 2015, 469, 471; Krause, Digitalisierung der Arbeitswelt, B7, B47; Neumann/Biebl, § 9 ArbZG Rn. 1; Schliemann, § 9 ArbZG Rn. 2.

265 Jacobs, NZA 2016, 733, 736; *Wolf* in Giesen/Junker/Rieble, Industrie 4.0 als Herausforderung des Arbeitsrechts, 61, 67; mit Blick auf die Vereinbarkeit von Familie und Beruf Greiner, ZfA 2015, 469, 503.

266 In Deutschland ist allein der Tag der deutschen Einheit bundesweit gleich, alle anderen Feiertage richten sich nach den jeweiligen Feiertagsgesetzen der Bundesländer.

267 Andeutend *Wolf* in Giesen/Junker/Rieble, Industrie 4.0 als Herausforderung des Arbeitsrechts, 61, 67.

Sonn- und Feiertage, sollte eine Vereinheitlichung vorliegen, unter Umständen aufgrund der Zeitverschiebung zu unterschiedlichen Zeiten. Das Verbot der Sonn- und Feiertagsbeschäftigung beschränkt somit die im internationalen Wettbewerb bestehende wichtige Möglichkeit vernetzt und flexibel arbeiten zu können und läuft dem Interesse des Arbeitgebers somit zu wider. Aber auch die Flexibilisierungsinteressen der Arbeitnehmer werden nicht zufriedenstellend berücksichtigt. Ist bspw. ein Projekt aufgrund seiner Dringlichkeit bis zu einem bestimmten Zeitpunkt fertigzustellen und möchte der Arbeitnehmer hierzu, um unter der Woche mehr Zeit für sonstige private Belange zu haben, freiwillig gerne einen Teil der Arbeit am Sonntag erbringen, so darf dies vom Arbeitgeber nach der derzeitigen Rechtslage nicht geduldet werden.[268] Nach Auffassung der Rechtsprechung muss der Arbeitgeber ggf. sogar aktiv einschreiten, um die Sonn- und Feiertagsarbeit zu verhindern.[269] Dies gilt unabhängig davon, ob die Arbeit im Betrieb oder von zu Hause aus erbracht wird[270] und in welchem Umfang die Arbeit den Arbeitnehmer in Anspruch nimmt.[271] Das Beschäftigungsverbot umfasst daher nach der h.M. auch die Heranziehung zur Arbeitsbereitschaft, zum Bereitschaftsdienst und zur Rufbereitschaft.[272]

---

268 BayOLG, Urt. v. 17.09.1981 – 3 Ob OWi 132/81, AP LSchG § 3 Nr. 27; Baeck/Deutsch, § 9 ArbZG Rn. 12; Bissels/Meyer-Michaelis, DB 2015, 2331, 2334; Falder, NZA 2010, 1150, 1153; Krause, Digitalisierung der Arbeitswelt, B7, B47 f.; Neumann/Biebl, § 9 ArbZG Rn. 3.

269 BayOLG, Urt. v. 17.09.1981 – 3 Ob OWi 132/81, AP LSchlG § 3 Nr. 27; ebenso Baeck/Deutsch, § 9 ArbZG Rn. 12; Krause, Digitalisierung der Arbeitswelt, B7, B48; Neumann/Biebl, § 9 ArbZG Rn. 3; zweifelnd Schliemann, § 9 ArbZG Rn. 7.

270 Anzinger/Koberski, § 9 ArbZG Rn. 4; Baeck/Deutsch, § 9 ArbZG Rn. 12; Falder, NZA 2010, 1150, 1153; Krause, Digitalisierung der Arbeitswelt, B7, B48.

271 Ein mit der Ruhezeit vergleichbarer Ansatz, dass geringfügige Arbeiten bei der Sonn- und Feiertagsruhe unberücksichtigt bleiben, wird soweit ersichtlich in der Literatur richtigerweise nicht diskutiert, vgl. Falder, NZA 2010, 1150, 1153; Krause, Digitalisierung der Arbeitswelt, B7, B48.

272 BAG, Urt. v. 22.09.2005 – 6 AZR 579/04, BAGE 116, 28, 33; Baeck/Deutsch, § 9 ArbZG Rn. 12; Falder, NZA 2010, 1150, 1153; *Wank* in ErfK, § 9 ArbZG Rn. 1.

An den soeben getätigten Ausführungen wird deutlich, dass die derzeitige Rechtslage die Interessen von Arbeitgeber und Arbeitnehmer nicht vollständig erfüllt. Es ist daher de lege ferenda über eine Flexibilisierung des Beschäftigungsverbots an Sonn- und Feiertagen nachzudenken. Eine solche ist allerdings nur dann möglich, wenn diese per Verfassung erlaubt ist, also die Sonn- und Feiertagsruhe in Art. 140 GG i.V.m. Art. 139 WRV nicht absolut zu sehen ist.

Mit Blick auf die Rechtsprechung des BVerfG ist dies richtigerweise zu verneinen.[273] Eine absolute Sonn- und Feiertagsruhe ist nach Auffassung des BVerfG mit dem Wertesystem des GG nicht zu vereinbaren.[274] Der Grund hierfür ist darin zu sehen, dass die Sonn- und Feiertagsruhe in ihrer grundrechtlichen Wirkung ambivalent ist. Auf der einen Seite schafft die Sonn- und Feiertagsruhe einen Freiraum zur selbstbestimmten Grundrechtsentfaltung, indem sie in einer religiös-christlichen Perspektive die Religionsfreiheit (Art. 4 Abs. 1, 2 GG) konkretisiert[275]. Darüber hinaus umfasst sie ergänzend auch eine weltlich-soziale Perspektive, die von der Wahrnehmung der Vereinsfreiheit (Art. 9 Abs. 1 GG), dem Schutz der Ehe und Familie (Art. 6 Abs. 1 GG) sowie dem Schutz der physischen und psychischen Regeneration und damit verbunden von dem Schutz der körperlichen Unversehrtheit (Art. 2 Abs. 2 GG) geprägt ist.[276] Letztere Perspektive hat in den letzten Jahren auch immer mehr an Bedeutung gewonnen.[277] Auf der anderen Seite steht die Sonn- und Feiertagsruhe zugleich aber auch mit anderen Verfassungsgütern, wie bspw. der Berufsausübungsfreiheit (Art. 12 Abs. 1 GG), im Konflikt, weshalb ein Ausgleich angezeigt ist.[278] Das BVerfG verweist in diesem Zusammenhang auf die Notwendigkeit einer praktischen

---

[273] Greiner, ZfA 2015, 469, 476; Sich wohl eher für eine absolute Sonn- und Feiertagsruhe aussprechend, *Growe* in Däubler et al., § 9 ArbZG Rn. 1.

[274] BVerfG, Urt. v. 01.12.2009 – 1 BvR 2857/07 u. a., BVerfGE 125, 39, 86.

[275] BVerfG, Urt. v. 01.12.2009 – 1 BvR 2857/07 u. a., BVerfGE 125, 39, 77.

[276] BVerfG, Urt. v. 01.12.2009 – 1 BvR 2857/07 u. a., BVerfGE 125, 39, 82; Greiner, ZfA 2015, 469, 474; Leisner, NVwZ 2014, 921, 922.

[277] BVerfG, Urt. v. 01.12.2009 – 1 BvR 2857/07 u. a., BVerfGE 125, 39, 82; Greiner, ZfA 2015, 469, 474; Leisner, NVwZ 2014, 921, 922.

[278] BVerfG, Urt. v. 01.12.2009 – 1 BvR 2857/07 u. a., BVerfGE 125, 39, 85.

Konkordanz, bei der dem Gesetzgeber ein gewisser Gestaltungsspielraum zukommt[279].

Auf Basis dieser Überlegung stellt das BVerfG richtigerweise die Folgerung an, dass zwischen der Sonn- und Feiertagsruhe und der Zulassung der Beschäftigung an Sonn- und Feiertagen stets ein Regel-Ausnahme-Verhältnis bestehen muss.[280] Die typische Geschäftstätigkeit in Form der Erwerbsarbeit, insbesondere der Verrichtung abhängiger Arbeit, hat daher an Sonn- und Feiertagen grundsätzlich zu ruhen.[281] Der Einzelne soll allein oder in der Gemeinschaft mit anderen ungestört von werktäglichen Verpflichtungen und Beanspruchungen die freien Tage nutzen können.[282] Schutzgegenstand ist somit der allgemein wahrnehmbare Charakter des Tages, d.h. es muss erkennbar sein, dass es sich grundsätzlich um einen für alle verbindlichen Tag der Arbeitsruhe handelt.[283] Ausnahmen von dem Grundsatz sind allerdings zur Wahrung höher- oder gleichwertiger Rechtsgüter begrenzt möglich.[284] Hierbei ist die Wahrung eines hinreichenden Mindestschutzes zu beachten.[285]

Entsprechend dieser Folgerung ist im deutschen Arbeitszeitrecht, dass über die weltlich-soziale Perspektive der Sonn- und Feiertagsruhe in Form des Schutzes der körperlichen Unversehrtheit (Art. 2 Abs. 2 GG) angesprochen ist[286], eine Umsetzung erfolgt. § 9 ArbZG verbietet grundsätzlich die Beschäftigung an Sonn- und Feiertagen, unter Abwägung vernünftiger Gründe des Gemeinwohles sind in den §§ 10, 12 und 13 ArbZG allerdings unter Beachtung der Verhältnismäßigkeit Ausnahmen vom Grundsatz zugelassen.

---

[279] BVerfG, Urt. v. 01.12.2009 – 1 BvR 2857/07 u. a., BVerfGE 125, 39, 86; so auch schon BVerfG, Urt. v. 09.06.2004 – 1 BvR 636/02, BVerfGE 111, 10, 51.

[280] BVerfG, Urt. v. 01.12.2009 – 1 BvR 2857/07 u. a., BVerfGE 125, 39, 85; so auch schon BVerfG, Urt. v. 09.06.2004 – 1 BvR 636/02, BVerfGE 111, 10, 53.

[281] BVerfG, Urt. v. 01.12.2009 – 1 BvR 2857/07 u. a., BVerfGE 125, 39, 85.

[282] BVerfG, Urt. v. 01.12.2009 – 1 BvR 2857/07 u. a., BVerfGE 125, 39, 85.

[283] BVerfG, Urt. v. 01.12.2009 – 1 BvR 2857/07 u. a., BVerfGE 125, 39, 85 f..

[284] BVerfG, Urt. v. 01.12.2009 – 1 BvR 2857/07 u. a., BVerfGE 125, 39, 85; so auch schon BVerfG, Urt. v. 09.06.2004 – 1 BvR 636/02, BVerfGE 111, 10, 53.

[285] BVerfG, Urt. v. 01.12.2009 – 1 BvR 2857/07 u. a., BVerfGE 125, 39, 85; so auch schon BVerfG, Urt. v. 09.06.2004 – 1 BvR 636/02, BVerfGE 111, 10, 50.

[286] BVerfG, Urt. v. 01.12.2009 – 1 BvR 2857/07 u. a., BVerfGE 125, 39, 82 f..

Eine Flexibilisierung des Verbots der Sonn- und Feiertagsbeschäftigung ist im Grundsatz somit möglich.

In der Literatur sind deshalb unter Anknüpfung an das Regel-Ausnahme-Verhältnis auch Stimmen zu finden, die eine Freigabe der Sonn- und Feiertagsbeschäftigung für freiwillige häusliche Arbeiten des Arbeitnehmers zu Zwecken der Erreichung einer Work-Life-Balance befürworten.[287] Zur Rechtfertigung der Ausnahme wird neben dem Grundrecht der Berufsausübungsfreiheit (Art. 12 Abs. 1 GG) auch der Schutz der Ehe und Familie (Art. 6 Abs. 1 GG) mit einem Verweis darauf angeführt, dass die Freigabe einer Sonn- und Feiertagsarbeit für viele gerade erst eine Vereinbarkeit von Familie und Beruf ermöglichen würde. Die Überlegung fußt auf dem Gedanken, dass sich die Sonn- und Feiertagsarbeit gerade bei Familien mit Kindern, bei denen ein Partner in Vollzeit und der andere in Teilzeit arbeitet, gut in den Wochenablauf einfügen lässt, weil der Vollzeit arbeitende Partner an diesen Tagen unproblematisch die häusliche Kinderbetreuung übernehmen kann.[288] Dem ist im Hinblick auf eine Vereinbarkeit der beiden Elemente Familie und Beruf grundsätzlich nicht zu widersprechen, im Hinblick auf das Element der Familie, um das es bei Art. 6 Abs. 1 GG allein geht, ist jedoch anzuführen, dass gerade häufig Sonn- und Feiertage die einzigen Tage sind, an denen überhaupt ein gemeinsames Familienleben stattfinden kann.

Der Argumentation ist somit, wie im Übrigen auch dem ganzen Vorschlag der Flexibilisierung des Verbots der Sonn- und Feiertagsbeschäftigung, nicht zu folgen. Dies muss auch mit Blick auf die §§ 10 bis 13 ArbZG gelten, die dem geforderten Grundrechtsausgleich des BVerfG bereits heute ausreichend Rechnung tragen.[289] Zudem hat das BVerwG auch erst kürzlich ent-

---

[287] Bissels/Meyer-Michalis, DB 2015, 2331, 2334; Günther/Böglmüller, NZA 2015, 1025, 1028; Hanau, NJW 2016, 2613, 2617; Jacobs, NZA 2016, 733, 737; wohl auch Greiner, ZfA 2015, 469, 479.

[288] Greiner, ZfA 2015, 469, 481.

[289] Falder, NZA 2010, 1150, 1153; Krause, Digitalisierung der Arbeitswelt, B7, B48; Krause, NJW-Beil. 2016, 33, 34.

schieden, dass die Sonn- und Feiertagsruhe als verfassungsrechtlich geschütztes Gut kommerziellen Interessen nicht zu weichen hat.[290] Des Weiteren ist davon auszugehen, dass die Befürworter der Freigabe der Sonn- und Feiertagsarbeit zu Zwecken der Herstellung einer ausgewogenen Work-Life-Balance die Sogwirkung der freiwilligen Arbeit und der damit verbunden breiten Aushöhlung der Sonn- und Feiertagsruhe unterschätzen.[291] Dies gilt nicht zuletzt deshalb, weil an der Freiwilligkeit des Arbeitnehmers im Arbeitsverhältnis grundsätzlich gezweifelt werden darf.[292] Darüber hinaus ist trotz einer fehlenden direkten Regelung zum Sonn- und Feiertagsschutz das europäische Arbeitszeitrecht nicht zu vergessen. Eine Freigabe der Sonntagsarbeit wäre somit, um nicht gegen Art. 5 RL 2003/88/EG zu verstoßen nur dann möglich, wenn innerhalb eines Siebentageszeitraumes ein anderer Tag frei wäre. Beachten dies die Befürworter nicht, so ist nicht nur nach den deutschen, sondern auch nach den europäischen Grundsätzen eine Unvereinbarkeit gegeben.[293]

Eine gesetzliche Änderung der Vorschrift des Verbots der Sonn- und Feiertagsbeschäftigung ist im Ergebnis aus den genannten Gründen somit abzulehnen.

d) Ruhepausen

Der Begriff der Ruhepausen ist gesetzlich nicht definiert.[294] Nach dem allgemeinen Sprachgebrauch können Ruhepausen jedoch als im Voraus feststehende Arbeitsunterbrechungen bezeichnet werden.[295] Die Ruhepausen

---

290 BVerwG, Beschl. v. 04.12.2014 – 8 B 66.14, NVwZ-RR 2015, 256, 257; ebenso Krause, Digitalisierung der Arbeitswelt, B7, B48; Wiebauer, NZA 2016, 1430, 1434 unter Anführung der Rechtsprechung von BVerfG, Urt. v. 01.12.2009 – 1 BvR 2857/07 u. a., BVerfGE 125, 39, 87 und BVerwG, Urt. v. 26.11.2014 – 6 CN 1.13, BVerwGE 150, 327, 343.

291 Krause, Digitalisierung der Arbeitswelt, B7, B48.

292 Falder, NZA 2010, 1150, 1151; Schuchart, Ständige Erreichbarkeit im Arbeitsverhältnis, 175, 192.

293 Vgl. Wiebauer, NZA 2016, 1430, 1434.

294 Anzinger/Koberski, § 4 ArbZG Rn. 3; Baeck/Deutsch, § 4 ArbZG Rn. 8; *Wank* in ErfK, § 4 ArbZG Rn. 1.

295 Anzinger/Koberski, § 4 ArbZG Rn. 4; Neumann/Biebl, § 4 ArbZG Rn. 3; Schlegel, NZA-Beil. 2014, 16, 18; *Wank* in ErfK, § 4 ArbZG Rn. 1; in Bezug

dienen der Erholung des Arbeitnehmers. Ermüdungen und Leistungsminderungen des Arbeitnehmers sollen damit verhindert werden, mit dem Ziel, Unfallgefahren zu verringern.[296]

Im deutschen Arbeitszeitrecht ist bei einer Arbeitszeit von mehr als sechs und bis zu neun Stunden dem Arbeitnehmer gem. § 4 S. 1 ArbZG eine Ruhepause von mindestens 30 Minuten zu gewähren. Bei einer Arbeitszeit von mehr als neun Stunden hat die Ruhepause 45 Minuten zu betragen (§ 4 S. 1 ArbZG). Bei einer Unterteilung der Ruhepause in Zeitabschnitte dürfen die einzelnen Abschnitte nicht kürzer als 15 Minuten sein (§ 4 S. 2 ArbZG). Länger als sechs Stunden dürfen Arbeitnehmer nicht ohne Ruhepause beschäftigt werden (§ 4 S. 3 ArbZG). Auf kollektivrechtlicher Ebene ist bei Schicht- und Verkehrsbetrieben eine abweichende Aufteilung der Gesamtdauer der Ruhepause auf angemessene Kurzpausen gem. § 7 Abs. 1 Nr. 2 ArbZG von unter 15 Minuten möglich, sofern hierdurch der Erholungswert der Ruhepause nicht beeinträchtigt wird. Eine weitere Abweichung von den Regelungen des § 4 ArbZG ist per Tarifvertrag gem. § 7 Abs. 2 Nr. 3 und 4 ArbZG im Pflege- und öffentlichen Bereich möglich. Zusätzlich ist eine Abweichung in außergewöhnlichen Fällen gem. § 14 ArbZG möglich.

Auf europäischer Ebene wird in Art. 4 RL 2003/88/EG festgelegt, dass die Mitgliedstaaten dazu verpflichtet sind, die erforderlichen Maßnahmen zu treffen, damit jedem Arbeitnehmer bei einer täglichen Arbeitszeit von mehr als sechs Stunden eine Ruhepause gewährt wird. Die Regelung der Einzelheiten, insbesondere die Dauer und die Voraussetzungen für die Gewährung der Ruhepause, werden den nationalen Sozialpartnern oder Gesetzgebern überlassen.[297]

---

auf das Merkmal „im Voraus feststehend a.A. Baeck/Deutsch, § 4 ArbZG Rn. 8.

296 Baeck/Deutsch, § 4 ArbZG Rn. 9; *Wank* in ErfK, § 4 ArbZG Rn. 1.

297 *Gallner* in Franzen/Gallner/Oetker, Kommentar z. Europ. AR, Art. 4 RL 2003/88/EG Rn. 1; *Ulber* in Preis/Sagan, Europ. AR, § 6 Rn. 179.

Eine richtlinienkonforme Umsetzung hat in Deutschland mit § 4 ArbZG somit stattgefunden, dies gilt auch für die geschaffenen tarifvertraglichen Abweichungsmöglichkeiten, welche über Art. 17, 18 RL 2003/88/EG gerechtfertigt werden können.[298]

In Bezug auf die zu Beginn dieser Untersuchung erwähnte Umfrage zu Ruhepausen[299], bei der 27 % der befragten Arbeitnehmer die Frage, ob es häufig vorkomme, dass Pausen innerhalb eines Arbeitstages von mehr als sechs Stunden ausfallen würden, bejahten, ist zu fragen, ob eine Änderung der Pausenregelung zur Wahrnehmung der digitalen Arbeitskonstellationen notwendig ist. Dies gilt insbesondere unter dem Blickwinkel, dass 47 % der Befragten ihre Antwort damit begründeten, dass die Pausen deshalb vergessen würden, weil sie nicht in den Arbeitsablauf passten.

Konkrete Änderungsvorschläge in der Literatur bestehen bislang, soweit ersichtlich, richtigerweise nicht.[300]

Zu denken wäre bspw. an eine Verkürzung der Ruhepause oder an eine Änderung der Dauer der Zeitabschnitte de lege ferenda, in die die Ruhepause aufgeteilt werden darf. Mit Blick auf den Erholungszweck der Ruhepause und dem damit verbundenen Schutz der Gesundheit des Arbeitnehmers erscheint eine solche Änderung allerdings zweifelhaft. Dies gilt nicht zuletzt deshalb, weil die Mitgliedstaaten bei der Umsetzung des Art. 4 RL 2003/88/EG zwar bei den Modalitäten Freiheit besitzen, dabei aber den Schutzzweck des Arbeitszeitrechts nicht aus den Augen verlieren dürfen.[301] Hinzu kommt, dass ausreichende Möglichkeiten zur Veränderung des Grundsatzes zur Ruhepause bereits de lege lata bestehen (vgl. § 7 Abs. 1 Nr. 2 ArbZG, § 7 Abs. 2 Nr. 3 und 4 ArbZG).

---

[298] *Bayreuther* in EnzEuR, § 11 Rn. 32; *Gallner* in Franzen/Gallner/Oetker, Kommentar z. Europ. AR, Art. 4 RL 2003/88/EG Rn. 3; *Ulber* in Preis/Sagan, Europ. AR, § 6 Rn. 181.

[299] Vgl. Kapitel *C. I. Arbeitnehmerseite*, S. 8 ff..

[300] Lediglich im allgemeinen in Frage stellend, Günther/Böglmüller, NZA 2015, 1025, 1028.

[301] *Ulber* in Preis/Sagan, Europ. AR, § 6 Rn. 179 f..

Auch die Erhöhung der Grenze, ab der eine Ruhepause erforderlich ist, wäre denkbar, ist im Ergebnis aber ebenso abzulehnen. Dies gilt nicht zuletzt deshalb, weil eine solche Änderung richtlinienwidrig wäre, da die EG-Arbeitszeitrichtlinie die Wertung beinhaltet, dass der Gesundheitsschutz bei einer Arbeitszeit von mehr als 6 Stunden ohne die Gewährung einer Ruhepause beeinträchtigt ist.[302]

Eine Änderung der Pausenregelung ist somit de lege ferenda nicht zu befürworten. Der Arbeitgeber muss vielmehr seine Arbeitsprozesse so organisieren, dass die Wahrnehmung von ausreichenden Ruhepausen möglich ist. Dies gilt insbesondere im Hinblick auf die mit der Industrie 4.0 sich verschärfenden Verbindung zwischen Mensch und Maschine, bei der von vornherein gewisse Ruhepausen einzukalkulieren sind, denn die Maschinen für sich genommen benötigen keine Pausen und werden deshalb ohne entsprechende Programmierung keine Rücksicht auf menschliche Belange nehmen.[303]

e) Nachtarbeit

Die Nachtarbeit ist sowohl im europäischen als auch im deutschen Arbeitszeitrecht mit bestimmten Rechten und Pflichten verbunden (vgl. Art. 8 ff. RL 2003/88/EG, § 6 ArbZG).[304]

Mit Nachtarbeit wird im deutschen Arbeitszeitrecht gem. § 2 Abs. 4 ArbZG die Arbeit bezeichnet, die mehr als zwei Stunden der Nachtzeit umfasst. Nachtzeit ist hierbei gem. § 2 Abs. 3 ArbZG die Zeit von 23.00 bis 6.00 Uhr.

Im direkten Vergleich zur EG-Arbeitszeitrichtlinie zeigt sich, dass das ArbZG in seinen Definitionsvorschriften der Nachtarbeit strenger ist. Nach Art. 2 Nr. 4 lit. a RL 2003/88/EG liegt Nachtarbeit nämlich erst dann vor, wenn die Arbeit mehr als drei Stunden der Nachtzeit umfasst. Zudem ist die Nachtzeit mit einer Zeitspanne von 24.00 bis 5.00 Uhr um zwei Stunden

302 *Ulber* in Preis/Sagan, Europ. AR, § 6 Rn. 180.
303 Kohte, NZA 2015, 1417, 1422.
304 Baeck/Deutsch, § 6 ArbZG Rn. 13.

verkürzt (Art. 2 Nr. 3 RL 2003/88/EG). Mit Blick auf die erhöhte Schädlichkeit der Nachtarbeit für den menschlichen Organismus[305] und den Schutzzweck der Arbeitszeitrichtlinie, den Arbeitnehmer vor Gesundheitsbeeinträchtigungen zu schützen, ist eine solch nationale Abweichung von der EG-Arbeitszeitrichtlinie allerdings gerechtfertigt.

Mit Blick auf die digitalen Arbeitskonstellationen wie bspw. dieser, dass der eigentlich grundsätzlich am Tag beschäftigte Arbeitnehmer, zum Teil abends an seinem privaten Schreibtisch nochmals die Arbeit von 23.00 bis 1.00 Uhr aufnimmt, stellt sich die Frage, ob diese ebenfalls von dem Umfang der Nachtarbeitsvorschriften erfasst sind.

Betrachtet man allein die soeben dargelegte Definition des deutschen Arbeitszeitrechts, so ist dies zu bejahen. Der Arbeitnehmer in dem Beispiel leistet von 23.00 bis 1.00 Uhr Nachtarbeit, womit grundsätzlich die Rechte und Pflichten der Nachtarbeit Anwendung finden. Allerdings werden sowohl im europäischen als auch im deutschen Arbeitszeitrecht die mit der Nachtarbeit verbundenen Rechte und Pflichten nicht bei jeder geringfügigen Nachtarbeit ausgelöst.[306] Es bedarf vielmehr der Arbeit eines Nachtarbeit(nehm)ers (Art. 8 RL 2003/88/EG, § 6 ArbZG).

Nachtarbeitnehmer i.S.d. § 2 Abs. 5 ArbZG ist jeder Arbeitnehmer, der auf Grund seiner Arbeitszeitgestaltung normalerweise Nachtarbeit in Wechselschicht zu leisten hat oder an mindestens 48 Tagen im Kalenderjahr Nachtarbeit leistet. Mit letzterem Tatbestandsmerkmal kommt der deutsche Gesetzgeber seiner Pflicht aus Art. 2 Nr. 4 lit. b i.) RL 2003/88/EG zur Konkretisierung der europäischen Definition nach. Hiernach ist jeder Arbeitnehmer Nachtarbeiter, der einen bestimmten Anteil seiner jährlichen Arbeitszeit während der Nachtzeit verrichtet. Der zu leistende Anteil ist von den jeweiligen Mitgliedstaaten festzulegen. Darüber hinaus ist nach Art. 2 Nr. 4 lit. a RL 2003/88/EG auch Nachtarbeitnehmer, wer während der Nachtzeit normalerweise mindestens drei Stunden seiner täglichen Arbeitszeit verrichtet. Hieran wird deutlich, dass dem erst genannten Tatbestandsmerkmal der Wechselschicht in der deutschen Definition des Nachtarbeitnehmers aus

[305] BVerfG, Urt. v. 28.01.1992 – 1 BvR 1025/82, 1 BvL 16/83 und 1 BvL 10/91, BVerfGE 85, 191, 208; so auch *Ulber* in Preis/Sagan, Europ. AR, § 6 Rn. 192.

[306] Baeck/Deutsch, § 6 ArbZG Rn. 13.

Gründen der Richtlinienkonformität lediglich deklaratorische Wirkung zukommen kann.[307]

Eine Qualifikation des grundsätzlich am Tag beschäftigten Arbeitnehmers aus dem Ausgangsbeispiel, der vereinzelt von 23.00 bis 1.00 Uhr am privaten Schreibtisch arbeitet, als Nachtarbeitnehmer verbietet sich somit. Weder hat er aufgrund seiner Arbeitszeitgestaltung normalerweise Nachtarbeit in Wechselschicht zu leisten, noch ist davon auszugehen, dass er an mindestens 48 Tagen im Kalenderjahr Nachtarbeit leistet. Ein kompletter Ausschluss ist über letztere Alternative allerdings nicht vollends zu erreichen. Sollte der grundsätzlich am Tag beschäftigte Arbeitnehmer nicht nur vereinzelt, sondern vermehrt Nachtarbeit leisten, nämlich mindestens 48 Mal, so ist eine Qualifikation als Nachtarbeitnehmer mit der Konsequenz denkbar, dass die Rechte und Pflichten des § 6 ArbZG Anwendung finden.

Im Zusammenhang mit der in den Abendstunden meist freiwillig geleisteten Arbeit führt dies zu einem vergütungsrechtlichen Problem. Gem. § 6 Abs. 5 ArbZG sind die mit der Nachtarbeit verbundenen Belastungen mittels eines angemessenen Zuschlages auf das Bruttogehalt oder einer Gewährung von einer angemessenen Anzahl von bezahlten arbeitsfreien Tagen zu kompensieren, sofern eine tarifliche Ausgleichsregelung hierzu nicht bereits existiert. Dem Arbeitgeber steht hierbei ein Wahlrecht zu.[308]

Eine entsprechende vergütungsrechtliche Vorschrift im europäischen Arbeitszeitrecht existiert nicht.[309] Nach Art. 153 Abs. 5 AEUV hat die Union nicht die Ermächtigung zum Erlass von Regelungen deren Inhalt das Arbeitsentgelt betreffen.[310]

---

[307] *Bayreuther* in EnzEuR, § 11 Rn. 36; *Ulber* in Preis/Sagan, Europ. AR, § 6 Rn. 188.

[308] BAG, Urt. v. 5.9.2002 – 9 AZR 202/01, NZA 2003, 563, 563; BAG, Urt. v. 1.2.2006 – 5 AZR 422/04, NZA 2006, 494, 495; BAG, Urt. v. 18.5.2011 – 10 AZR 369/10, NZA-RR 2011, 581, 582; Anzinger/Koberski, § 6 ArbZG Rn. 83; Baeck/Deutsch, § 6 ArbZG Rn. 83; Schliemann, § 6 ArbZG Rn. 88.

[309] EuGH, Urt. v. 01.12.2005 – Rs. C-14/04, Slg. 2005, I-10253 Rn. 38 - Dellas; *Ulber* in Preis/Sagan, Europ. AR, § 6 Rn. 94.

[310] *Ulber* in Preis/Sagan, Europ. AR, § 6 Rn. 49.

Aus finanzieller Sicht ist die Nachtarbeit für den Arbeitnehmer somit lohnend. Dies gilt nicht zuletzt deshalb, weil die als angemessen angesehene Nachtarbeitszuschläge von 25 % [311] gem. § 3 b Abs. 1 Nr. 1 EStG steuerfrei sind. Mit Blick auf die Möglichkeit des Arbeitnehmers in der digitalen Arbeitswelt seine Arbeit zeitunabhängig zu erbringen, stellt sich somit die Frage, ob an dieser vergütungsrechtlichen Vorschrift zukünftig noch festgehalten werden kann. Dies gilt insbesondere deshalb, weil dem Arbeitnehmer damit die Möglichkeit eröffnet wird, durch bewusstes Verlagern seiner Arbeit in die Abendstunden hinein entgegen dem Willen des Arbeitsgebers sein Einkommen durch Abgreifen von Nachtarbeitszuschlägen zu erhöhen.[312]

Konkrete Vorschläge zur Änderung des § 6 Abs. 5 ArbZG bestehen in der Literatur, soweit ersichtlich, bislang richtigerweise noch nicht.[313]

Zu denken wäre an eine Abschaffung des Nachtarbeitszuschlages. Mit Blick auf die damit für den Arbeitgeber gesetzten Anreize ist diese Änderung allerdings abzulehnen. Den Arbeitgebern würde mit einer Abschaffung des Nachtarbeitszuschlages ein wirtschaftlicher Anreiz dazu gegeben, die Nachtarbeit auszubauen. Dies unterläuft im Hinblick auf die erhöhte Schädlichkeit der Nachtarbeit allerdings den Schutzzweck des Arbeitszeitrechts, nach dem die Nachtarbeit im Hinblick auf deren gesundheitliche Folgen eher einzudämmen ist.

Eine weitere Möglichkeit zur Änderung der Vergütungsvorschrift würde auch die Differenzierung nach der Veranlassung der Arbeitstätigkeit bieten. Ist eine Arbeitstätigkeit vermehrt am Abend bzw. in der Nacht notwendig, um bspw. in einem Projekt eine zeitliche Verzögerung aufzuholen oder bedarf es öfters zeitzonenübergreifender Telefonkonferenzen, so ist davon auszugehen, dass diese im Sinne des Arbeitgebers ausgeführt wird. Auch wenn eine ausdrückliche oder konkludente Anordnung des Arbeitgebers zu

---

311 BAG, Urt. v. 27.05.2003 – 9 AZR 180/02, BeckRs 2003, 41320.

312 Kamann, ArbRAktuell 2016, 75, 76 f.; unter tariflichen Aspekten andeutend Steffan, NZA 2015, 1409, 1413; ebenso unter vertraglichen Aspekten Bissels/Meyer-Michaelis, DB 2015, 2331, 2334.

313 Allgemein erwähnend Günther/Böglmüller, NZA 2015, 1025, 1028; unter tariflichen Aspekten andeutend Steffan, NZA 2015, 1409, 1413; ebenso unter vertraglichen Aspekten Bissels/Meyer-Michaelis, DB 2015, 2331, 2334.

einer solchen Arbeitstätigkeit fehlt, so ist eine Zurechnung dieser Tätigkeit und damit verbunden die Zahlung eines Nachtarbeitszuschlages spätestens mit der Duldung und Verwertung genau dieser Arbeitsleistung gerechtfertigt. Die Rechtfertigung der Zahlung eines Nachtarbeitszuschlages ist allerdings bei einer Arbeitstätigkeit in der Nachtzeit aufgrund von persönlichen Präferenzen des Arbeitnehmers ohne Einfluss des Arbeitgebers zweifelhaft, sodass in diesem Fall die Pflicht zur Zahlung des Nachtarbeitszuschlages in Frage gestellt werden kann. Mit wiederholtem Blick auf die Schädlichkeit der Nachtarbeit kann aber auch eine solch abgemilderte Änderung nicht überzeugen. Dies muss nicht zuletzt deshalb gelten, weil nicht abgesprochen werden kann, dass eine völlige Freiwilligkeit[314] des Arbeitnehmers im Arbeitsverhältnis wohl eher selten vorliegt, sodass es nicht gerechtfertigt ist, dem Arbeitnehmer bei einer gewissen Aufopferung den Nachtarbeitszuschlag abzusprechen.

Der Nachtarbeitszuschlag ist somit aus Gesundheitsschutzgründen auch de lege ferenda beizubehalten.

III Zusammenfassung

Ein zusammenfassender Blick dieses Kapitels zeigt, dass die mit der digitalen Arbeitswelt verbundenen arbeitszeitrechtlichen Probleme nicht allein durch eine rein nationale Brille betrachtet werden können. Das deutsche Arbeitszeitrecht fußt in abgestufter Folge auf der Charta der Grundrechte der Europäischen Union sowie der EG-Arbeitszeitrichtlinie 2003/88/EG. Die Mindestvorgaben dieser sind bei der Ausgestaltung der nationalen Vorschriften zu beachten. Diese gilt es auch bei etwaigen Bestrebungen zur Änderung des ArbZG mit dem Ziel, die mit der Digitalisierung der Arbeitswelt verbundenen arbeitszeitrechtlichen Probleme zu lösen, zu beachten. Der dem deutschen Gesetzgeber hierfür zur Verfügung stehende europäische Handlungsspielraum ist derzeit nicht all zu groß. Eine Erweiterung des Handlungsspielraumes steht trotz vergangener Bestrebungen der Europäischen Kommission auch nicht in Aussicht. Dennoch sind Änderungen des

---

314 Zum Freiwilligkeitsaspekt im Arbeitsverhältnis vgl. Falder, NZA 2010, 1150, 1151; Schuchart, Ständige Erreichbarkeit im Arbeitsverhältnis, 175, 192.

ArbZG behutsam möglich und für den Fall von parallel laufenden Flexibilisierungsinteressen von Arbeitnehmer und Arbeitgeber empfehlenswert, so lange hierbei der Grundgedanke des Arbeitszeitrechts, den Arbeitnehmer vor gesundheitlichen Beeinträchtigungen zu schützen, nicht unterlaufen wird. Aus zuletzt genanntem Grund ist der Ansatz die arbeitszeitrechtlichen Probleme damit zu lösen, indem die digitalen Arbeitskonstellationen aus dem Geltungsbereich des Arbeitszeitrechts herausgenommen werden, auch abzulehnen. Weder eine Änderung des Arbeitnehmerbegriffes noch eine Änderung des Arbeitszeitbegriffes ist de lege ferenda notwendig. Die arbeitszeitrechtlichen Probleme müssen vielmehr auf der Ebene der begrenzenden Vorschriften selbst gelöst werden. Während die Höchstarbeitszeit bereits de lege lata ausreichend flexibilisiert werden kann, ist bei der Ruhezeit zur Begegnung der Flexibilisierungsinteressen von Arbeitnehmer und Arbeitgeber de lege ferenda über eine weitergehende gesetzliche Öffnung für Vereinbarungen auf kollektivvertraglicher Ebene nachzudenken. An dem Verbot der Sonn- und Feiertagsbeschäftigung ist de lege ferenda aufgrund der Gefahr der Aushöhlung des Sonn- und Feiertagsschutzes nicht zu rütteln. Gleiches gilt auch für die Vorschrift der Ruhepausen und der Nachtarbeit, die mit Blick auf den Gesundheitsschutz nicht zu verändern sind.

Im Ergebnis besteht somit unter Abwägung der beiderseitigen Interessen von Arbeitnehmer und Arbeitgeber sowie der Berücksichtigung des Gesundheitsschutzes nur bei der Ruhezeit gesetzlicher Handlungsbedarf in Form der Erweiterung der Möglichkeiten für die Sozial- und damit mittelbar auch für die Betriebspartner. Bei allen anderen Vorschriften ist eine allgemeine gesetzliche Flexibilisierung mit Blick auf den Gesundheitsschutz nicht sinnvoll oder es bestehen bereits de lege lata ausreichende Gestaltungsmöglichkeiten, auf die zur Flexibilisierung zurückgegriffen werden kann. Im Nachfolgenden werden deshalb individual- und kollektivrechtliche Gestaltungsmöglichkeiten zur Flexibilisierung der Arbeitszeit im Detail untersucht.

E Individual- und kollektivrechtliche Gestaltungsmöglichkeiten

Zur Lösung der arbeitszeitrechtlichen Problembereiche der digitalen Arbeitswelt ist neben der soeben erörterten gesetzlichen Möglichkeit zur Flexibilisierung parallel auch an individual- und kollektivrechtliche Gestaltungsmöglichkeiten zu denken.[315] Diese sind nicht zuletzt deshalb abzuklopfen, weil mit diesen grundsätzlich eine bedarfsgerechtere Lösung gefunden werden kann, als dies mit einer allgemein gesetzlichen Vorschrift je möglich ist.[316] Im Nachfolgenden wird deshalb eine Auswahl an grundsätzlich denkbaren Möglichkeiten zur Gestaltung auf individual- und kollektivrechtlicher Ebene vorgestellt und auf ihre Vereinbarkeit mit dem ArbZG überprüft, da das ArbZG mit seinen Öffnungen zur Flexibilisierung den zulässigen Rahmen für Gestaltungen auf individual- und kollektivrechtlicher Ebene vorgibt. Darüber hinaus wird mit Blick auf die gesundheitlichen Bedenken aber auch der Rückhalt der theoretisch möglichen Gestaltungen zur Flexibilisierung der Arbeitszeit untersucht. Es wird der Frage nachgegangen, ob die flexibilisierenden Gestaltungsmöglichkeiten unter gesundheitlichen Gesichtspunkten nicht besser begrenzenden Vorschriften weichen sollten.

I Flexibilisierung der Arbeitszeit in der Theorie

Wie bereits eingangs in dieser Untersuchung erörtert, gehen mit der Entwicklung der digitalen Arbeitswelt auch bestimmte Flexibilisierungsinteressen von Arbeitnehmern und Arbeitgebern einher.[317]

---

315 Sich für eine bereits erfolgreiche Umsetzung der Digitalisierung in den Unternehmen aussprechend Wiebauer, NZA 2016, 1430, 1430; *Wolf* in Giesen/Junker/Rieble, Industrie 4.0 als Herausforderung des Arbeitsrechts, 61, 62.

316 So auch selbst BMAS, Weissbuch Arbeiten 4.0, S. 121, dass deshalb auch die Überlegung verfolgt, gewisse betriebliche Experimentierräume zur Ermöglichung eines Wahlarbeitsgesetzes zu eröffnen, vgl. BMAS, Weissbuch Arbeiten 4.0, S. 125; vgl. auch Anzinger/Koberski, § 7 ArbZG Rn. 5; Neumann/Biebl, § 7 ArbZG Rn. 1.

317 Vgl. Kapitel *C. Flexibilisierung der Arbeitszeit versus Gesundheitsschutz*, S. 8 ff..

Die Arbeitgeber erwarten von ihren Arbeitnehmern zeitlich größtmögliche Flexibilität und weitgehendste Erreichbarkeit.[318] Für sie gilt der im Volksmund verbreitete Grundsatz: Zeit ist Geld. Die Arbeitnehmer hingegen sind an einem ausgewogenen Verhältnis zwischen Arbeit und Privatleben interessiert.

Diese zum Teil sehr unterschiedlichen Interessen schlagen sich auch in den nachfolgenden Gestaltungsmöglichkeiten nieder, die zunächst auf individual- und dann auf kollektivrechtlicher Ebene betrachtet werden.

1 Flexibilisierung der Arbeitszeit auf individualrechtlicher Ebene

Die Akteure der individualrechtlichen Ebene sind der Arbeitgeber und der Arbeitnehmer. Aufgrund der Machtposition des Arbeitgebers im Arbeitsverhältnis wird nachfolgend allerdings allein der Arbeitgeber als aktiver Gestalter der Arbeitszeit in den Blick genommen. Die nachfolgenden Gestaltungsmöglichkeiten zeigen eine Auswahl an potentiell denkbaren, dem Arbeitgeber zur Flexibilisierung der Arbeitszeit zur Verfügung stehenden Gestaltungsmöglichkeiten.

a) Abbedingung

Zur Flexibilisierung der Arbeitszeit bietet sich dem Arbeitgeber als umfassendste und einfachste Gestaltungsmöglichkeit die vertragliche Abbedingung des ArbZG an. Mit dieser Gestaltungsmöglichkeit könnten sämtliche arbeitszeitrechtlichen Probleme im Zusammenhang mit den digitalen Arbeitskonstellationen beseitigt werden, da die begrenzenden Vorschriften des ArbZG auf den Vertrag aufgrund der Abbedingung keine Anwendung mehr finden würden. Die Gestaltungsmöglichkeit scheitert jedoch an dem zwingenden öffentlich-rechtlichen Charakter des ArbZG.[319] Die Vorschriften des ArbZG sind privatrechtlichen Vereinbarungen nur dann zugänglich, wenn

---

[318] Vgl. hierzu auch BDA, Positionspapier, S. 3 f.; Bosch, Stellungnahme zum Grünbuch Arbeiten 4.0, S. 12.

[319] Anzinger/Koberski, § 1 ArbZG Rn. 20; Baeck/Deutsch, ArbZG Einführung Rn. 48; Bissels/Meyer-Michaelis, DB 2015, 2331, 2334; Falder, NZA 2010, 1150, 1152; Krause, Digitalisierung der Arbeitswelt, B7, B33; Wank, RdA 2014, 285, 286.

diese im Gesetz selbst vorgesehen sind.[320] Eine Abweichung von den arbeitszeitrechtlichen Vorschriften ist daher regelmäßig nur durch kollektivvertragliche Vereinbarung, wie bspw. dem Tarifvertrag oder einer auf einem Tarifvertrag basierenden Betriebsvereinbarung, möglich. Eine einseitige vertragliche Abbedingung des ArbZG durch den Arbeitgeber ist somit aufgrund des zwingenden öffentlich-rechtlichen Charakters des ArbZG nicht möglich.[321]

Eine Lösung der arbeitszeitrechtlichen Probleme ist daher mittels Abbedingung des ArbZG zur Flexibilisierung der Arbeitszeit nicht zu erreichen.

Ergänzend sei an dieser Stelle darauf hingewiesen, dass auch ein Arbeitnehmer mit Blick auf den zwingenden öffentlich-rechtlichen Charakter des ArbZG freiwillig nicht wirksam auf die Einhaltung der Vorschriften des ArbZG verzichten kann.[322] Dies gilt unabhängig davon, ob der Arbeitnehmer mit der gesetzeswidrigen Beschäftigung einverstanden ist, diese im Nachhinein genehmigt[323] oder eine solche ausdrücklich erwünscht[324]. Davon abgesehen dürfen an der Freiwilligkeit eines solchen Verzichtes auch Zweifel geäußert werden.[325]

b) Arbeit auf Abruf

Zur Flexibilisierung der Arbeitszeit könnte sich der Arbeitgeber gestalterisch auch der Arbeit auf Abruf bedienen. Nach der gesetzlichen Definition

---

320 Anzinger/Koberski, § 1 ArbZG Rn. 24; Falder, NZA 2010, 1150, 1152; Wank, RdA 2014, 285, 288; Wirtz, BB 2014, 1397, 1397.

321 Anzinger/Koberski, § 1 ArbZG Rn. 24; Baeck/Deutsch, ArbZG Einführung Rn. 52; Jacobs, NZA 2016, 733, 734; Schuchart, AuR 2016, 341, 342.

322 Anzinger/Koberski, § 1 ArbZG Rn. 24; Falder, NZA 2010, 1150, 1152; Bissels/Meyer-Michaelis, DB 2015, 2331, 2334; Jacobs, NZA 2016, 733, 734; Krause, Digitalisierung der Arbeitswelt, B7, B33; Wank, RdA 2014, 285, 288; Reinhard, ArbRB 2012, 186, 188; Schuchart, AuR 2016, 341, 342.

323 Anzinger/Koberski, § 1 ArbZG Rn. 24; Falder, NZA 2010, 1150, 1152; Krause, Digitalisierung der Arbeitswelt, B7, B33.

324 OLG Karlsruhe, Urt. v. 11.07.1963 – 2 Ss 33/63, AP AZO § 25 Nr. 6; Krause, Digitalisierung der Arbeitswelt, B7, B33.

325 Falder, NZA 2010, 1150, 1151.

des § 12 Abs. 1 S. 1 TzBfG liegt Arbeit auf Abruf dann vor, wenn der Arbeitnehmer seine Arbeitsleistung entsprechend dem Arbeitsanfall zu erbringen hat.

Die Inanspruchnahme der Arbeit auf Abruf unterliegt mit Blick auf die negativen Folgen der Abrufarbeit für die zeitliche und finanzielle Planungssicherheit des Arbeitnehmers engen gesetzlichen Grenzen.[326] § 12 Abs. 2 TzBfG verpflichtet den Arbeitgeber dazu, den Arbeitseinsatz mindestens vier Tage im Voraus anzukündigen. Hält der Arbeitgeber diese Frist nicht ein, so hat dies zur Konsequenz, dass die Anordnung unwirksam ist.[327] Abweichende Regelungen zu § 12 Abs. 2 TzBfG sind mit der Ausnahme von tarifvertraglichen Regelungen (vgl. § 12 Abs. 3 TzBfG) nicht möglich und daher mit ihrer Existenz nach § 22 TzBfG unwirksam.

Mit Blick auf das erforderliche Tempo in der digitalen Arbeitswelt bedeutet dies regelmäßig, dass sich die Gestaltungsmöglichkeit der Abrufarbeit für den Arbeitgeber nicht zur Flexibilisierung der Arbeitszeit eignen wird.[328] Der Grund hierfür ist darin zu sehen, dass es dem Arbeitgeber in der Regel nicht möglich sein wird, den Arbeitseinsatz vier Tage im Voraus anzukündigen. Dies gilt im speziellen für Arbeiten mit einer gewissen Dringlichkeit, bei denen sich kurz vor Abarbeitung spontan noch Probleme ergeben. Der Arbeitnehmer kann zwar auch einer kürzeren Anordnung Folge leisten, er ist hierzu aber nicht verpflichtet, sodass der Arbeitgeber bei einer zu kurzen Ankündigungsfrist regelmäßig auf den guten Willen seiner Arbeitnehmer angewiesen ist.[329] Dies ist sicherlich nicht im Interesse des Arbeitgebers.

Darüber hinaus unterliegt auch die Abrufklausel den Rahmenbedingungen des ArbZG[330], sodass sich auch bei der Abrufarbeit die vom Arbeitgeber nicht gewünschten arbeitszeitrechtlichen Probleme ergeben können.

---

326 Kramer/Kiene, ArbRAktuell 2010, 233, 233; Raif/Nann, GWR 2016, 221, 223.

327 Raif/Nann, GWR 2016, 221, 223.

328 Günther/Böglmüller, NZA 2015, 1025, 1028, der in diesem Zusammenhang auch die zeitliche Verringerung der Ankündigungsfrist vorschlägt, um die Abrufarbeit für die digitale Arbeitswelt brauchbar zu machen.

329 Günther/Böglmüller, NZA 2015, 1025, 1028; *Preis* in ErfK, § 12 TzBfG Rn. 29; Kramer/Kiene, ArbRAktuell 2010, 233, 233; Raif/Nann, GWR 2016, 221, 223.

330 Kramer/Kiene, ArbRAktuell 2010, 233, 233.

Die Arbeit auf Abruf eignet sich für den Arbeitgeber somit nicht zur Flexibilisierung der Arbeitszeit um den arbeitszeitrechtlichen Problemen der digitalen Arbeitskonstellationen zu begegnen.

c) Null-Stunden-Vertrag

Eine weitere Gestaltungsmöglichkeit des Arbeitgebers zur Flexibilisierung der Arbeitszeit könnte, abhängig von dessen Rechtsnatur, der Null-Stunden-Vertrag darstellen.[331]

Inhaltlich umfasst der Null-Stunden-Vertrag, wie jeder andere normale Arbeitsvertrag auch, die Vereinbarung, dass die eine Partei für die andere Partei entgeltlich Dienste erbringt. In Abweichung zu einem normalen Arbeitsvertrag vereinbaren die Parteien bei einem Null-Stunden-Vertrag allerdings keinen zeitlichen Mindestumfang, innerhalb dessen die Dienste erbracht werden müssen.[332] Konsequenz daraus ist, dass eine Beschäftigungspflicht des Arbeitnehmers nicht besteht.[333] Dies bildet einen wesentlichen Unterschied zum normalen Arbeitsvertrag, bei dem neben dem Anspruch auf die Leistung der Dienste im vertraglich bestimmten Umfang auch eine Pflicht des Arbeitgebers zur Abnahme bzw. Vergütung auch etwaiger aufgrund von Verzug nicht genutzter Arbeitsleistungen besteht (vgl. § 615 BGB).[334] Eine Vergütung steht dem Dienstverpflichtenden beim Null-Stunden-Vertrag erst dann zu, wenn er seine Dienste erbracht hat.[335] Die Besonderheit der fehlenden Vereinbarung eines zeitlichen Mindestumfanges ist auch für den Namen des Vertrages verantwortlich, denn der zeitliche Mindestumfang der zu erbringenden Dienste beträgt null Stunden.[336]

Eine weitere inhaltliche Besonderheit in Unterscheidung zu einem normalen Arbeitsvertrag bildet die Möglichkeit, dem Dienstverpflichteten das Recht

---

331 Raif/Nann, GWR 2016, 221, 223.

332 Forst, NZA 2014, 998, 999.

333 Forst, NZA 2014, 998, 999.

334 BAG, Urt. v. 10.11.1955 – 2 AZR 591/54, BAGE 2, 221, 224.

335 Forst, NZA 2014, 998, 999; Raif/Nann, GWR 2016, 221, 223.

336 Forst, NZA 2014, 998, 999; Raif/Nann, GWR 2016, 221, 223.

einzuräumen, die geforderten Dienste verweigern zu können.[337] Anknüpfend an diese Besonderheit wird die Rechtsnatur des Null-Stunden-Vertrages bestimmt, von der auch die Anwendbarkeit des ArbZG abhängt.

Möglich ist die Qualifizierung des Null-Stunden-Vertrages als Arbeitsvertrag.[338] Von einem Arbeitsvertrag im eigentlichen Sinne kann dann gesprochen werden, wenn in einem gegenseitigen Vertrag der Arbeitnehmer zur Erbringung von Diensten und der Arbeitgeber zur Gewährung eines Entgelts verpflichtet wird.[339] Nach der Auffassung von Rechtsprechung und Literatur ist Arbeitnehmer, wer auf Grund eines privatrechtlichen Vertrages im Dienste eines anderen zur Leistung weisungsgebundener, fremdbestimmter Arbeit in persönlicher Abhängigkeit verpflichtet ist.[340] Sowohl die Definition des Arbeitsvertrages, als auch die des Arbeitnehmers, setzen somit voraus, dass der Arbeitnehmer zur Erbringung der Dienste verpflichtet ist. Von einem Null-Stunden-Arbeitsvertrag kann also nur dann gesprochen werden, wenn dem Dienstverpflichteten kein Verweigerungsrecht eingeräumt wird. Ohne das Verweigerungsrecht müssen die Dienste nämlich in jedem Fall bei Anforderung erbracht werden, womit eine Verpflichtung zur Erbringung der Leistung besteht. Diese ist in ihrem Umfang lediglich unbestimmt.[341] Eine andere Bewertung ist nur dann möglich, wenn man es für eine weitere Voraussetzung des Arbeitsvertrages hält, dass der Arbeitgeber zum Abrufen der Leistung in einem gewissen Mindestumfang verpflichtet ist.[342] Dieser

---

337 Forst, NZA 2014, 998, 999.

338 Vgl. LAG Rheinland-Pfalz, Urt. v. 07.04.2011 – 5 Sa 637/10, BeckRs 2011, 74684, dass in seiner Entscheidung unproblematisch den Weg zu den Arbeitsgerichten als eröffnet ansieht und durchgehend von den Parteien als Arbeitnehmer und Arbeitgeber spricht.

339 Forst, NZA 2014, 998, 999; *Müller-Glöge* in MüKo, § 611 BGB Rn. 154.

340 BAG, Urt. v. 16.02.2000 – 5 AZB 71/99, BAGE 93, 310, 314 f. m.w.N.; BAG, Urt. v. 12.12.2001 – 5 AZR 253/00, NZA 2002, 787, 788; BAG, Urt. v. 20.01.2010 – 5 AZR 99/09, DB 2010, 788, 788; Anzinger/Koberski, § 2 ArbZG Rn. 64 ff.; Baeck/Deutsch, § 2 ArbZG Rn. 87; Neumann/Biebl, § 2 ArbZG Rn. 21 f.; Schliemann, § 2 ArbZG Rn. 72.

341 Forst, NZA 2014, 998, 999.

342 Diesen Ansatz anführend aber im Ergebnis mit derselben Begründung wie in dieser Untersuchung verneinend Forst, NZA 2014, 998, 1000 unter Verweis auf BAG, Beschl. v. 28.11.1990 - 7 ABR 51/89, BeckRs 1990, 31022535; BAG, Urt. v. 31.07.2002 – 7 AZR 181/01, BeckRs 2002, 30275402; BAG, Urt. v.

Ansatz ist allerdings aufgrund der sich daraus unweigerlich ergebenden Unsicherheit, welcher Mindestumfang zur Bewertung als Arbeitsvertrag ausreichend ist, abzulehnen.

Bei einem Null-Stunden-Arbeitsvertrag finden, wie bei einem normalen Arbeitsvertrag auch, die begrenzenden Vorschriften des ArbZG Anwendung.[343] Eine Lösung der arbeitszeitrechtlichen Probleme ist auf diesem Weg somit nicht zu erreichen. Dies gilt nicht zuletzt auch deshalb, weil der Null-Stunden-Arbeitsvertrag aufgrund des Verstoßes gegen die zwingenden Vorschriften des KSchG unwirksam ist (vgl. § 134 BGB). Mit dem Null-Stunden-Vertrag würde es dem Arbeitgeber nämlich ermöglicht werden, ihm missfallende Arbeitnehmer auf „null" setzen und damit faktisch ein Arbeitsverhältnis beenden zu können, ohne die zwingenden Vorschriften des KSchG beachtet zu haben.[344]

Wird dem Dienstverpflichtenden ein Verweigerungsrecht eingeräumt, so handelt es sich nicht mehr um einen Arbeitsvertrag, sondern vielmehr um eine Null-Stunden-Rahmenvereinbarung, auf die bei jedem Arbeitseinsatz mittels eines separaten Arbeitsvertrages Bezug genommen wird.[345] Das ArbZG findet

16.04.2003 - 7 AZR 187/02, BAGE 106, 79, 82; BAG, Urt. v. 15.02.2012 – 10 AZR 111/11, NZA 2012, 733 Rn. 15; BAG, Urt. v. 16.05.2012 - 5 AZR 268/11, BAGE 141, 349, 351.

343 Forst, NZA 2014, 998, 1000.

344 Raif/Nann, GWR 2016, 221, 223; a.A. Forst, NZA 2014, 998, 1000 mit der Begründung, dass § 12 TzBfG ggü. § 134 BGB vorrangig sei. Eine Anwendbarkeit des § 12 TzBfG auf den Null-Stunden-Arbeitsvertrag sieht Forst trotz des entgegenstehenden Wortlauts des § 12 Abs. 1 S. 1 TzBfG aufgrund der Systematik ergebend aus § 12 Abs. 1 S. 2 und 3 TzBfG, im Widerspruch zu Raif/Nann, GWR 2016, 221, 223, als gegeben an, vgl. Forst, NZA 2014, 998, 1002. Zusätzlich untersucht Forst die Wirksamkeit des Null-Stunden-Arbeitsvertrages im Rahmen der AGB-Inhaltskontrolle. Bei einer Bewertung nach § 307 Abs. 1 S. 1 BGB ist der Vertrag nach Auffassung von Forst unwirksam, nicht jedoch bei einer Bewertung nach § 307 Abs. 1 S. 2 BGB. Unklar ist, welche der beiden Vorschriften Anwendung findet, weshalb sich Forst im Ergebnis für kein eindeutiges Ergebnis ausspricht, vgl. Forst, NZA 2014, 998, 1001.

345 Forst, NZA 2014, 998, 1000 unter Bezugnahme auf BAG, Urt. v. 31.07.2002 – 7 AZR 181/01, BeckRs 2002, 30275402; BAG, Urt. v. 16.04.2003 – 7 AZR 187/02, BAGE 106, 79, 81 f.; BAG, Urt. v. 15.02.2012 – 10 AZR 111/11, NZA 2012, 733, 736; BAG, Urt. v. 16.05.2012 – 5 AZR 268/11, BAGE 141, 349,

auf die Null-Stunden-Rahmenvereinbarung keine Anwendung. Grund hierfür ist, dass das ArbZG nur auf Arbeitnehmer Anwendung findet.[346] Behält sich der Dienstverpflichtete vertraglich allerdings vor, seine Leistung nicht erbringen zu müssen, so kann er im Nachhinein nicht fordern so gestellt zu werden, als habe er sich von Anfang an zur Leistung verpflichtet, um so die Vorzüge des Arbeitnehmerstatus in Anspruch nehmen zu können.[347]

Auf den ersten Blick erscheint es also so, als könnten die arbeitszeitrechtlichen Probleme mit Hilfe der Null-Stunden-Rahmenvereinbarung gelöst werden. Im Gegensatz zu dem Null-Stunden-Arbeitsvertrag ist die Null-Stunden-Rahmenvereinbarung auch nicht unwirksam, da sie mangels ihres Charakters als Arbeitsvertrag nicht gegen die § 1 KSchG und § 622 BGB verstößt und damit auch nicht § 134 BGB unterfällt.[348] Dennoch bietet auch die Null-Stunden-Rahmenvereinbarung beim genaueren Hinsehen keine Gestaltungsmöglichkeit zur Lösung der arbeitszeitrechtlichen Probleme. Dies kann zum einen damit begründet werden, dass auch bei einer Null-Stunden-Rahmenvereinbarung der konkrete Arbeitseinsatz auf einem Arbeitsvertrag beruht, der den begrenzenden Vorschriften des ArbZG unterliegt.[349] Zum anderen ist aufgrund des mit der Null-Stunden-Rahmenvereinbarung einhergehenden Beigeschmacks einer missbräuchlichen Umgehung

---

351 ff.; ähnlich schon BAG, Beschl. v. 28.11.1990 - 7 ABR 51/89, BeckRs 1990, 31022535. Die Rechtsprechung des EuGH, Urt. v. 12.10.2004 – Rs. C-313/02, Slg. 2004, I-09483 – Wippel steht dieser Annahme nicht entgegen. Der EuGH bezeichnet zwar den Null-Stunden-Rahmenvertrag in Rn. 29 ff. als „Arbeitsvertrag“, er betont aber in Rn. 40, dass es sich nach dem mitgliedstaatlichen Recht richtet, ob der Dienstverpflichtete als Arbeitnehmer anzusehen ist oder nicht.

346 Jacobs, NZA 2016, 733, 735; Wiebauer, NZA 2016, 1430, 1434.

347 Forst, NZA 2014, 998, 1000.

348 Forst, NZA 2014, 998, 1001; derselbe ebenso die Wirksamkeit bejahend mit Blick auf einen möglichen Verstoß gegen § 12 TzBfG und § 138 BGB, NZA 2014, 998, 1001 f..

349 Forst, NZA 2014, 998, 1000 unter gleichzeitigem Verweis auf das befristungsrechtliche Risiko nach § 16 TzBfG i.V.m. § 14 TzBfG.

des ArbZG davon auszugehen, dass die deutsche Rechtsprechung diese Gestaltungsmöglichkeit über kurz oder lang verbieten oder zumindest begrenzen wird.[350]

Im Ergebnis können somit die arbeitszeitrechtlichen Probleme mittels der Gestaltungsmöglichkeit des Null-Stunden-Vertrages nicht gelöst werden.

d) Vertrauensarbeitszeit

Denkbar ist zur Flexibilisierung der Arbeitszeit seitens des Arbeitgebers auch auf die Gestaltungsmöglichkeit der Vertrauensarbeitszeit zurückzugreifen. Sofern im Unternehmen ein Betriebsrat besteht, kann die Einführung der Vertrauensarbeitszeit allerdings nicht mehr allein vom Arbeitgeber beschlossen werden. Die Einführung der Vertrauensarbeitszeit ist dann vielmehr mit Blick auf das Mitbestimmungsrecht des Betriebsrates nach § 87 Abs. 1 Nr. 2 BetrVG im Einvernehmen mit diesem zu regeln.[351] Die Vertrauensarbeitszeit kann somit auch einen kollektivrechtlichen Charakter aufweisen. Aus Gründen des nachfolgend dargestellten möglichen Ziels des Arbeitgebers wird die Vertrauensarbeitszeit in dieser Untersuchung dennoch nur unter den individualrechtlichen Gestaltungsmöglichkeiten erörtert.

Die Vertrauensarbeitszeit wird über zwei Kernaspekte definiert. Auf der einen Seite wird dem Arbeitnehmer bei der Vertrauensarbeitszeit eine sehr hohe Eigenverantwortung bezüglich der Verteilung und Einteilung der Vertragsarbeitszeit zugesprochen, da dem Arbeitnehmer seitens des Arbeitgebers nur ein konkreter Arbeitsauftrag mit festgelegtem Erledigungstermin vorgegeben wird.[352] Die Eigenverantwortung des Arbeitnehmers korrespondiert auf der anderen Seite aber auch mit einem Verzicht des Arbeitgebers,

---

[350] Andeutend Forst, NZA 2014, 998, 1000; Raif/Nann, GWR 2016, 221, 223.

[351] Compensis, NJW 2007, 3089, 3093; Maier/Ossoinig, DB 2015, 2391, 2392; Steffan, NZA 2015, 1409, 1410; a.A. Schwemmle/Wedde, Digitale Arbeit in Deutschland, S. 84.

[352] Arbeitnehmerkammer Bremen, Stellungnahme zum Grünbuch Arbeiten 4.0, S. 9; Compensis, NJW 2007, 3089, 3089; Krause, Digitalisierung der Arbeitswelt, B7, B34; Raif/Nann, GWR 2016, 221, 223; Reinhard, ArbRB 2012, 186, 188.

die Einhaltung der Vertragsarbeitszeit zu kontrollieren.[353] Der Arbeitgeber vertraut vielmehr darauf, dass der Arbeitnehmer seinen vertraglichen Verpflichtungen auch ohne eine Kontrolle nachkommt. Ihn interessiert allein das Arbeitsergebnis, wann und wo dieses erzielt wird ist ihm egal.

Die beiden Kernelemente der Vertrauensarbeitszeit haben zur Folge, dass die Arbeit in der Vertrauensarbeitszeit vorwiegend in Projektarbeiten erbracht wird, da der Schwerpunkt der Leistungsbeurteilung vollkommen auf dem Arbeitsergebnis liegt.[354] Die tatsächlich geleistete Arbeitszeit des Arbeitnehmers ist somit unerheblich, solange das Projekt innerhalb des gesetzten Zeitrahmens bearbeitet wird.[355]

Anders als auf den ersten Blick aufgrund des Verzichts auf die Arbeitszeitkontrolle vielleicht anzunehmen ist, befreit die Vertrauensarbeitszeit den Arbeitgeber jedoch nicht von seinen Verpflichtungen aus dem ArbZG womit eine Beseitigung der arbeitszeitrechtlichen Probleme ausgeschlossen ist.[356] Die ursprünglich geplante Herausnahme von Arbeitnehmern aus dem ArbZG, die die Dauer und die Lage ihrer Arbeitszeit zu großen Teilen selbst bestimmen[357], ist gerade nicht Gesetz geworden, sodass eine dahingehende Interpretation des ArbZG auch zu unterbleiben hat.[358] Darüber hinaus wäre eine Herausnahme solcher Arbeitnehmer auch richtlinienwidrig, da die Mitgliedstaaten nach Art. 17 Abs. 1 RL 2003/88/EG nur dann von bestimmten Vorschriften der EG-Arbeitszeitrichtlinie abweichen dürfen, wenn die Arbeitnehmer u.a. ihre gesamte Arbeitszeit aufgrund der Natur der ausgeübten Tätigkeit selbst festlegen können.[359] Der Arbeitgeber kann sich somit unter

---

[353] Compensis, NJW 2007, 3089, 3089; Günther/Böglmüller, NZA 2015, 1025, 1029; Raif/Nann, GWR 2016, 221, 223; Schlottfeldt/Hoff, NZA 2001, 530, 530; Steffan, NZA 2015, 1409, 1410.

[354] Compensis, NJW 2007, 3089, 3089; Däubler, Internet und Arbeitsrecht, S. 110.

[355] Compensis, NJW 2007, 3089, 3089; Steffan, NZA 2015, 1409, 1413.

[356] BAG, Beschl. v. 06.05.2003 – 1 ABR 13/02, BAGE 106, 111, 122 ; Krause, Digitalisierung der Arbeitswelt, B7, B34; Raif/Nann, GWR 2016, 221, 223; Reinhard, ArbRB 2012, 186, 188.

[357] Vgl. Gesetzesentwurf BT-Drs. 11/360 S. 10, 24; ferner der Referentenentwurf NZA 1993, 737, 740.

[358] Krause, Digitalisierung der Arbeitswelt, B7, B34.

[359] EuGH, Urt. v. 07.09.2006 – Rs. C-484/04, Slg. 2006, I-07471 Rn. 20 – Kommission/Vereinigtes Königreich.

Berufung auf den Verzicht der Kontrolle der Arbeitszeit nicht bewusst unwissend über etwaige Arbeitszeitrechtsverstöße machen, mit der Absicht, sich mit der Begründung der Unkenntnis den Vorschriften des ArbZG zu entziehen. Die Vertrauensarbeitszeit soll nämlich dem Arbeiten im Vertrauen und nicht dem geschickten Umgehen der zwingenden Vorschriften des ArbZG dienen.[360] In der Konsequenz bedeutet dies, dass der Arbeitgeber zwar auf die Kontrolle der Arbeitszeit verzichten kann, er zugleich aber dennoch dazu verpflichtet ist, seine Arbeitnehmer dazu anzuhalten, die Vorschriften des ArbZG zu beachten.[361] Auch die nach § 16 Abs. 2 ArbZG im Arbeitszeitrecht bestehende Pflicht des Arbeitgebers, die über die werktägliche Arbeitszeit von acht Stunden hinausgehende Arbeitszeit zu dokumentieren, findet bei der Vertrauensarbeitszeit Anwendung, sie kann jedoch auf den Arbeitnehmer übertragen werden.[362] Die Anwendung des § 16 Abs. 2 ArbZG begründet sich damit, dass es dem Betriebsrat[363] auch bei der Vertrauensarbeitszeit möglich sein muss, die Einhaltung der arbeitszeitrechtlichen Vorschriften zu überwachen.[364] Zudem wird auf diesem Wege auch die Kenntnis des Arbeitgebers über die tatsächlich geleistete Arbeitszeit sichergestellt.

Richtigerweise muss an dieser Stelle angeführt werden, dass die Vertrauensarbeitszeit und die Pflicht zum Nachweis nicht so richtig zueinander passen. In der Literatur wird deshalb vereinzelt vertreten, die Dokumentations-

---

[360] Gaul, DB 2013, 60, 62.

[361] Raif/Nann, GWR 2016, 221, 223.

[362] BVAU-Positionspapier, S. 3; Däubler, Internet und Arbeitsrecht, S. 111; Falder, NZA 2010, 1150, 1153; *Gäntgen* in Henssler/Willemsen/Kalb, AR Kommentar, § 16 ArbZG Rn. 7; Gaul, DB 2013, 60, 62; Reinhard, ArbRB 2012, 186, 188; Schlottfeldt/Hoff, NZA 2001, 530, 532; Steffan, NZA 2015, 1409, 1416; Wiebauer, NZA 2016, 1430, 1433.

[363] BAG, Beschl. v. 06.05.2003 – 1 ABR 13/02, NZA 2003, 348, 348; BVAU-Positionspapier, S. 3; Däubler, Internet und Arbeitsrecht, S. 111; Raif/Nann, GWR 2016, 221, 223; Wiebauer, NZA 2016, 1430, 1433.

[364] Zur Sinnhaftigkeit der Vorschrift mit Blick auf den von ihr verfolgten Zweck, siehe Schlottfeldt/Hoff, NZA 2001, 530, 530 ff..

pflicht des Arbeitgebers bei einer Einigung der Betriebspartner zur Einführung der Vertrauensarbeitszeit grundsätzlich entfallen zu lassen.[365] Bei einem begründeten Anlass soll dem Betriebsrat allerdings die Möglichkeit eingeräumt werden, die Dokumentation für die Zukunft für einzelne Mitarbeiter oder auch Mitarbeitergruppen, auch befristet, fordern zu können. Sollten sich die Parteien nicht einigen können, soll die Einigungsstelle entscheiden.[366]

Diesem Vorschlag ist allerdings in Bezug auf die Gefahr, dass unter dem Deckmantel der Vertrauensarbeitszeit aufgrund von beruflichen Ambitionen der Arbeitnehmer Arbeitsleistungen erbracht aber nicht erfasst werden, nicht zu folgen, da der Umgehung des ArbZG damit ansonsten weiter die Türen geöffnet werden würden.[367]

Eine Lösung der arbeitszeitrechtlichen Probleme der digitalen Arbeitskonstellationen kann der Arbeitgeber somit über die Gestaltungsmöglichkeit der Vertrauensarbeitszeit nicht erreichen.

Im Vergleich zu den bislang vorgestellten Gestaltungsmöglichkeiten beinhaltet die Gestaltungsmöglichkeit der Vertrauensarbeitszeit aber dennoch einen entscheidenden Vorteil. Neben dem Eigeninteresse die Arbeitszeit weit möglichst zu flexibilisieren besitzt der Arbeitgeber regelmäßig auch das Interesse, den Bedürfnissen seiner Arbeitnehmer, die insbesondere in der Sicherstellung einer ausgewogenen Work-Life-Balance bestehen, gerecht zu werden. Dieses Interesse fußt nicht zuletzt auf der Annahme, dass zufriedene Arbeitnehmer motivierter sind und deshalb am Ende des Tages auch ein besseres Arbeitsergebnis erbringen. Letzteres entspricht insbesondere dem Interesse des Arbeitgebers.[368] Zufriedene Arbeitnehmer verhelfen

---

[365] BVAU-Positionspapier, S. 3; Steffan, NZA 2015, 1409, 1416.

[366] BVAU-Positionspapier, S. 3; Steffan, NZA 2015, 1409, 1416.

[367] Auf den Zustand hinweisend, dass bei der Vertrauensarbeitszeit meist mehr gearbeitet wird als bei einem Normalarbeitsverhältnis Compensis, NJW 2007, 3089, 3089; Däubler, AuR 2016, 325, 331; Schwemmle/Wedde, Digitale Arbeit in Deutschland, S. 87; Steffan, NZA 2015, 1409, 1413.

[368] Compensis, NJW 2007, 3089, 3089.

dem Arbeitgeber aber auch zu einem guten Arbeitgeberimage, dass dem Arbeitgeber im bestehenden „war of talents“ bei der Rekrutierung neuer Arbeitnehmer behilflich sein kann.

Auch wenn mit der Vertrauensarbeitszeit somit nicht vordergründig das Flexibilisierungsinteresse des Arbeitgebers, sondern vielmehr das der Arbeitnehmer erfüllt wird, da diesen eine freie Zeiteinteilung und damit auch eine verbesserte Vereinbarkeit von Privatleben und Beruf ermöglicht wird, so profitiert der Arbeitgeber dennoch, wenn auch auf anderer Interessensebene, von der Einführung der Vertrauensarbeitszeit. Nicht zuletzt deshalb spricht die Literatur auch davon, dass sich die Vertrauensarbeitszeit in der Zukunft aller Wahrscheinlichkeit nach eines weiteren Aufschwungs erfreuen wird.[369] Zu beachten ist jedoch, dass sich die Vertrauensarbeitszeit nicht für alle Arbeitsverhältnisse eignet. Insbesondere bei Arbeiten, bei denen die Tätigkeit von bestimmten Zeiten abhängig ist, ist die Einführung der Vertrauensarbeitszeit nicht sinnvoll.[370]

e) Zusammenfassung

Zusammenfassend kann festgehalten werden, dass alleinige Versuche des Arbeitgebers die Arbeitszeit zu flexibilisieren entweder nicht sinnvoll oder aber aufgrund ihres Konfliktes mit dem Gesetz unwirksam sind. Allein die Vertrauensarbeitszeit ermöglicht eine zumindest teilweise Erfüllung des Interesses des Arbeitgebers und erfüllt zugleich auch das Flexibilisierungsinteresse der Arbeitnehmer. An dieser Stelle sei aber auch nochmals erwähnt, dass es nicht im Interesse des Arbeitgebers sein kann, jeglichen arbeitszeitrechtlichen Schutz für seine Arbeitnehmer zu beseitigen, da diese ansonsten bei einer zu hohen Arbeitsbelastung „ausbrennen“ und dadurch nicht mehr in der Lage sind ihre volle Arbeitsleistung abzurufen. Dies schadet dem Arbeitgeber nicht nur wirtschaftlich, sondern auch in Bezug auf sein Arbeitgeberimage, das für die Gewinnung neuer Arbeitnehmer von großer Bedeutung sein kann. Möchte der Arbeitgeber die arbeitszeitrechtlichen Probleme

[369] Raif/Nann, GWR 2016, 221, 223; Reinhard, ArbRB 2012, 186, 188; Steffan, NZA 2015, 1409, 1413.

[370] Günther/Böglmüller, NZA 2015, 1025, 1029; Raif/Nann, GWR 2016, 221, 223.

also zulässig und sinnvoll lösen, so hat er auf die im ArbZG selbst per Öffnungsklausel zugelassenen Gestaltungsmöglichkeiten zurückzugreifen. Aus diesem Grund werden nachfolgend die kollektivrechtlichen Gestaltungsmöglichkeiten erörtert.

2 Flexibilisierung der Arbeitszeit auf kollektivrechtlicher Ebene

Das Arbeitszeitrecht ist als Teil des öffentlich-rechtlichen Arbeitsschutzrechts zwingendes Recht und abweichenden Vereinbarungen nur insoweit zugänglich, als dass diese selbst durch das ArbZG zugelassen sind.[371] § 7 ArbZG stellt eine solch gesetzlich zugelassene Abweichungsmöglichkeit dar. Er räumt Akteuren des kollektiven Arbeitsrechts, d.h. dem Arbeitgeber/-verband und der Gewerkschaft sowie ggf. dem Betriebsrat, die Möglichkeit ein, von bestimmten begrenzenden Vorschriften des ArbZG abzuweichen, um diese den Bedürfnissen einer Branche oder eines Betriebes anzupassen.[372] Die Anpassung kann entweder von den Tarifvertragsparteien selbst mittels einer inhaltlichen Regelung in einem Tarifvertrag vorgenommen oder aber mit Hilfe einer Öffnungsklausel im Tarifvertrag an die Betriebsparteien zur Regelung in einer Betriebsvereinbarung übertragen werden.[373] Eine tarifvertragliche Regelung ist nur dann sinnvoll, wenn alle in den Geltungsbereich des Tarifvertrages fallenden Arbeitnehmer von der Besonderheit der Arbeitszeit gleichermaßen betroffen sind. Gilt der Tarifvertrag für eine Branche oder ein Unternehmen, in welcher oder in welchem unterschiedliche Bedürfnisse in Bezug auf die Arbeitszeit bestehen, so ist die Option der Übertragung an die Betriebsparteien vorzugswürdiger, da auf diesem Wege die unterschiedlichen Bedürfnisse in den Betrieben berücksichtigt werden können.[374]

---

[371] Anzinger/Koberski, § 1 ArbZG Rn. 24; Falder, NZA 2010, 1150, 1152; Wank, RdA 2014, 285, 288; Wirtz, BB 2014, 1397, 1397.

[372] Baeck/Deutsch, § 7 ArbZG Rn. 2; *Gäntgen* in Henssler/Willemsen/Kalb, AR Kommentar, § 7 ArbZG Rn. 1; Wirtz, BB 2014, 1397, 1398 f..

[373] Baeck/Deutsch, § 7 ArbZG Rn. 2; Neumann/Biebl, § 7 ArbZG Rn. 4; *Wank* in ErfK, § 7 ArbZG Rn. 3; Wirtz, BB 2014, 1397,1399.

[374] Wirtz, BB 2014, 1397,1399.

An dieser Stelle sei auch auf die Mitbestimmungsrechte des Betriebsrates bezüglich der Arbeitszeit hingewiesen. Diese umfassen zum einen die Festlegung von Beginn und Ende der täglichen Arbeitszeit einschließlich der Pausen sowie die Verteilung der Arbeitszeit auf die einzelnen Wochentage (§ 87 Abs. 1 Nr. 2 BetrVG), als auch die vorübergehende Verkürzung und Verlängerung der betriebsüblichen Arbeitszeit (§ 87 Abs. 1 Nr. 3 BetrVG).

Die in § 7 ArbZG gesetzlich eröffneten Gestaltungsmöglichkeiten sind insbesondere für Unternehmen von Relevanz, die auf flexible Arbeitstätigkeiten ihrer Arbeitnehmer angewiesen sind.[375] Mit dem in der heutigen Arbeitswelt bereits existierenden Tempo ist davon auszugehen, dass die Anzahl dieser Unternehmen zukünftig noch einmal rapide steigen wird. Im Nachfolgenden werden deshalb die gesetzlich zulässigen Gestaltungsmöglichkeiten in Bezug auf die beiden wichtigsten begrenzenden Vorschriften des Arbeitszeitrechts, die Höchstarbeitszeit und die Ruhezeit, genauer betrachtet.

a) Verlängerung der Höchstarbeitszeit

Von der im Grundsatz geltenden Höchstarbeitszeit von acht bzw. maximal zehn Stunden bei einem entsprechenden Ausgleich kann per Tarifvertrag respektive Betriebsvereinbarung gem. § 7 Abs. 1 Nr. 1 lit. a ArbZG verlängernd abgewichen werden, wenn in die Arbeitszeit regelmäßig und in erheblichem Umfang Arbeitsbereitschaft oder Bereitschaftsdienst fällt. Bei der Verlängerung der Arbeitszeit ist die Grenze des § 7 Abs. 8 ArbZG zu berücksichtigen, wonach die wöchentliche Arbeitszeit von 48 Stunden innerhalb eines Ausgleichszeitraumes von 12 Monaten nicht überschritten werden darf.

Als Voraussetzung beinhaltet § 7 Abs. 1 Nr. 1 lit. a ArbZG den regelmäßigen Anfall von Arbeitsbereitschaft oder Bereitschaftsdienst[376] in erheblichem Umfang. Regelmäßig fällt Arbeitsbereitschaft oder Bereitschaftsdienst dann an, wenn nach dem gewöhnlichen Lauf der Dinge und aus Er-

---

[375] Wirtz, BB 2014, 1397,1397.

[376] Zur Definition dieser beiden Begriffe vgl. Kapitel *D. II. 2. b. aa. Ständige Erreichbarkeit*, S. 20 ff..

fahrung damit zu rechnen ist, dass eine dieser beiden Arbeitsformen während der Arbeitszeit auftritt und sich mit der Vollarbeitszeit abwechselt.[377] Erheblich in ihrem Umfang sind die Arbeitsbereitschaft und der Bereitschaftsdienst dann, wenn sie einen solchen Umfang einnehmen, der die Verlängerung der Arbeitszeit unter Gesundheitsaspekten unbedenklich erscheinen lässt.[378] Grund für die Verlängerungsmöglichkeit überhaupt ist nämlich der Gedanke, dass die Arbeitsbereitschaft sowie der Bereitschaftsdienst den Arbeitnehmer weniger belasten als die Vollarbeitszeit, sodass eine Verlängerung aus Gesundheitsschutzgründen zugelassen werden kann.[379] Eine zahlenmäßig feste Grenze für einen erheblichen Umfang lässt sich nicht verbindlich für alle Fälle festlegen. Bei der Arbeitsbereitschaft kann eine solche jedoch regelmäßig bei etwa 30 %[380], beim Bereitschaftsdienst aufgrund der geringeren Belastungsintensität bei etwa 20 % gemessen an der verlängerten Arbeitszeit angenommen werden[381].

---

377 BAG, Urt. v. 24.09.1992 – 6 AZR 101/90, NZA 1993, 517, 517; BAG, Urt. v. 24.09.2008 – 10 AZR 669/07, BAGE 128, 29, 37; Anzinger/Koberski, § 7 ArbZG Rn. 22; Baeck/Deutsch, § 7 ArbZG Rn. 49; *Gäntgen* in Henssler/Willemsen/Kalb, AR Kommentar, § 7 ArbZG Rn. 4; Neumann/Biebl, § 7 ArbZG Rn. 18; Schliemann, § 7 ArbZG Rn. 40; *Wank* in ErfK, § 7 ArbZG Rn. 4; Wirtz, BB 2014, 1397, 1399.

378 Anzinger/Koberski, § 7 ArbZG Rn. 23; Baeck/Deutsch, § 7 ArbZG Rn. 51; Wirtz, BB 2014, 1397, 1399.

379 Baeck/Deutsch, § 7 ArbZG Rn. 47; Buschmann/Ulber, § 7 ArbZG Rn. 18; Neumann/Biebl, § 7 ArbZG Rn. 9.

380 *Gäntgen* in Henssler/Willemsen/Kalb, AR Kommentar, § 7 ArbZG Rn. 4; Neumann/Biebl, § 7 ArbZG Rn. 18; *Wank* in ErfK, § 7 ArbZG Rn. 6; Wirtz, BB 2014, 1397, 1399; wohl auch Anzinger/Koberski, § 7 ArbZG Rn. 23; a.A. Buschmann/Ulber, § 7 ArbZG Rn. 19 mit 50 %. Das BAG hat einen Anteil von 35 % (BAG, Urt. v. 18.02.1970 – 4 AZR 257/69, AP MTB II § 21 Nr. 1), bei einer Arbeitszeit von 11 Stunden sogar einen Anteil von 27 % als erheblich eingestuft, allerdings offen gelassen, ob dieser Wert auch für längere Gesamtarbeitszeiten gilt (BAG, Beschl. v. 24.01.2006 – 1 ABR 6/05, BAGE 117, 27, 34 f.).

381 Baeck/Deutsch, § 7 ArbZG Rn. 53; Wirtz, BB 2014, 1397, 1399; a.A. *Gäntgen* in Henssler/Willemsen/Kalb, AR Kommentar, § 7 ArbZG Rn. 4 mit 30 %.

Fraglich ist, ob § 7 Abs. 1 Nr. 1 lit. a ArbZG auch die Rufbereitschaft[382] umfasst. Dies ist insbesondere in Bezug auf die in der digitalen Arbeitswelt bestehende ständige Erreichbarkeit und deren (analogen) Einordnung als Rufbereitschaft von Interesse.[383] Ausdrücklich sieht § 7 Abs. 1 Nr. 1 lit. a ArbZG nur eine Verlängerungsmöglichkeit bei Arbeitsbereitschaft und Bereitschaftsdienst vor. Geht man allerdings, wie in dieser Untersuchung, davon aus, dass die tägliche Arbeitszeit nicht nur um den Anteil der Arbeitsbereitschaft bzw. des Bereitschaftsdienstes verlängert werden darf, sondern vielmehr auch die Zeit der Vollarbeit mehr als zehn Stunden betragen darf[384], da der Wortlaut des § 7 Abs. 1 Nr. 1 lit. a ArbZG eine solche Beschränkung nicht hergibt[385] und § 7 Abs. 9 ArbZG selbst eine Arbeitszeit von 12 Stunden nennt[386], so wird man im Zuge eines Erst-Recht-Schlusses zu dem Ergebnis kommen müssen, dass eine Verlängerung der Arbeitszeit auch im Falle der Rufbereitschaft möglich ist.[387] Im Vergleich zur Arbeitsbereitschaft und zum Bereitschaftsdienst ist die Rufbereitschaft für den Arbeitnehmer nämlich weniger belastend.[388] Den Tarifvertragsparteien respektive den Betriebsparteien ist es somit möglich, zumindest bei vertraglicher

---

382 Zur Definition dieses Begriffes vgl. Kapitel *D. II. 2. b. aa. Ständige Erreichbarkeit*, S. 20 ff..

383 Vgl. die Ausführungen in Kapitel *D. II. 2. b. aa.* Ständige Erreichbarkeit, S. 20 ff..

384 Anzinger/Koberski, § 7 ArbZG Rn. 25; Baeck/Deutsch, § 7 ArbZG Rn. 55; *Gäntgen* in Henssler/Willemsen/Kalb, AR Kommentar, § 7 ArbZG Rn. 4; Wirtz, BB 2014, 1397, 1400; tendenziell auch BAG, Beschl. v. 24.01.2006 – 1 ABR 6/05, BAGE 117, 27, 34; a.A. Buschmann/Ulber, § 7 ArbZG Rn. 9 m.w.N.; *Ernst/Growe* in Däubler et al., AR, § 7 ArbZG Rn. 9.

385 Die Arbeitszeit kann nach § 7 Abs. 1 Nr. 1 ArbZG „abweichend von § 3" verlängert werden. Nach § 3 ArbZG beträgt die Vollarbeitszeit gerade acht oder zehn Stunden. Zudem erlaubt § 7 Abs. 1 Nr. 1 lit. a ArbZG eine Arbeitszeitverlängerung „wenn" in die Arbeitszeit regelmäßig und in erheblichem Umfang Arbeitsbereitschaft oder Bereitschaftsdienst fällt und nicht etwa „soweit" oder „in dem Umfang, in dem" solche Arbeitsformen anfallen (Wirtz, BB 2014, 1397, 1400).

386 Wirtz, BB 2014, 1397, 1400.

387 Roggendorf, C § 7 ArbZG Erläuterungen Rn. 47; Wirtz, BB 2014, 1397, 1400; a.A. Baeck/Deutsch, § 7 ArbZG Rn. 91.

388 Wirtz, BB 2014, 1397, 1400.

Ausgestaltung der ständigen Erreichbarkeit als Rufbereitschaft, die Arbeitszeit über die Zehn-Stunden-Grenze hinaus zu verlängern. Die dabei verbleibenden Einschränkungen sind unter Gesundheitsschutzgründen zu rechtfertigen, zumal bislang auch nicht eindeutig belegt ist, dass die Existenz dieser Einschränkungen zu wirtschaftlich erheblichen Fehlentwicklungen führt.[389] Spontane Einsätze wie etwa eine Notfalltelefonkonferenz mit Kunden aus einer anderen Zeitzone über die grundsätzliche Höchstarbeitszeit hinaus stellen somit kein Problem mehr dar. Dass der Arbeitgeber die ständige Erreichbarkeit aus wirtschaftlichen Gründen eventuell lieber im Spannungsverhältnis verschiedener Interessen stehen lassen würde, anstatt sie in Form einer bezahlten Rufbereitschaft auszugestalten, steht auf einem anderen Blatt.

Eine der Höhe nach unbegrenzte Verlängerung der Arbeitszeit über die acht Stunden hinaus ist zudem ohne Zeitausgleich in Abweichung zu § 7 Abs. 1 Nr. 1 lit. a ArbZG per Tarifvertrag respektive Betriebsvereinbarung gem. § 7 Abs. 2a ArbZG möglich.[390] Voraussetzungen hierfür sind neben dem regelmäßigen Anfall von Arbeitsbereitschaft oder Bereitschaftsdienst in erheblichem Umfang, für die an dieser Stelle auf die Ausführungen unter § 7 Abs. 1 Nr. 1 lit. a ArbZG verwiesen werden soll[391], besondere Regelungen mit denen sichergestellt wird, dass die Gesundheit der Arbeitnehmer nicht gefährdet wird. Eine gesetzliche Festlegung dieser Regelungen besteht nicht, zu denken ist aber etwa an verlängerte Ruhezeiten, spezielle arbeitsmedizinische Untersuchungen, die Begrenzung der Arbeitszeitverlängerung

389 Krause, Digitalisierung der Arbeitswelt, B7, B40 f; Krause, NJW-Beil. 2016, 33, 34.

390 § 7 Abs. 8 ArbZG findet auf § 7 Abs. 2a ArbZG keine Anwendung, vgl. Baeck/Deutsch, § 7 ArbZG Rn. 110; Bermig, BB 2004, 101, 104; Buschmann/Ulber, § 7 ArbZG Rn. 40; Schubert/Jerchel, WSI Mitteilungen 2/2011, 76, 79.

391 Vgl. auch Anzinger/Koberski, § 7 ArbZG Rn. 67; Baeck/Deutsch, § 7 ArbZG Rn. 114.

auf einen bestimmten Personenkreis und v.a. die Festlegung von Höchstarbeitszeiten.[392] Zusätzlich bedarf es für die Arbeitszeitverlängerung nach § 7 Abs. 2a ArbZG einer vorherigen schriftlichen Einwilligung des Arbeitnehmers, die mit einer Frist von sechs Monaten widerrufen werden kann (§ 7 Abs. 7 ArbZG). Bei Nichterteilung der Einwilligung darf der Arbeitgeber den Arbeitnehmer nicht benachteiligen.[393]

Den Tarifvertragsparteien wird mit § 7 Abs. 2a ArbZG somit eine weitere sehr weitgehende Möglichkeit zur Flexibilisierung der Arbeitszeit an die Hand gegeben. Mit Blick auf die damit verbundenen gesundheitlichen Belastungen für den Arbeitnehmer wird es der Arbeitgeber im Idealfall aufgrund des Erfordernisses der Zusammenarbeit mit der Gewerkschaft bzw. dem Betriebsrat aber sehr schwer haben, diese extensiv zu nutzen.[394] § 7 Abs. 2a ArbZG stellt unter Berücksichtigung des Spannungsverhältnisses zwischen Arbeitnehmer- und Arbeitgeberinteressen somit im Idealfall keine geeignete Möglichkeit zur Flexibilisierung der Arbeitszeit dar.

Neben den Verlängerungsmöglichkeiten bei Vorliegen von Arbeitsbereitschaft oder Bereitschaftsdienst besteht zudem in bestimmten Branchen (Landwirtschaft, Behandlung, Pflege, Betreuung und öffentlicher Dienst) die Möglichkeit, längere Arbeitszeiten per Tarifvertrag oder per Betriebsvereinbarung zuzulassen, sofern ein entsprechender Zeitausgleich gewährt wird (vgl. § 7 Abs. 2 Nr. 2, 3 und 4 ArbZG). Auch hier gilt es § 7 Abs. 8 ArbZG zu berücksichtigen. Aufgrund des Spezialfallcharakters dieser Vorschriften soll an dieser Stelle hierauf aber nicht weiter eingegangen werden.

b) Verkürzung der Ruhezeit

Von der im Grundsatz zu gewährenden ununterbrochenen Ruhezeit von mindestens elf Stunden nach Beendigung der täglichen Arbeitszeit kann

---

392 BT-Drs. 15/1587, S. 30 f.; BAG, Urt. v. 23.06.2010 - 10 AZR 543/09, BAGE 135, 34, 42; Baeck/Deutsch, § 7 ArbZG Rn. 94, 115; *Gäntgen* in Henssler/Willemsen/Kalb, AR Kommentar, § 7 ArbZG Rn. 11; *Wank* in ErfK, § 7 ArbZG Rn. 18.

393 Buschmann/Ulber, § 7 ArbZG Rn. 41.

394 Schubert/Jerchel, WSI Mitteilungen 2/2011, 76, 80 der gleichzeitig auch auf die rechtlichen Bedenken der Richtlinienkonformität hinweist, vgl. Kapitel *E. I. 2. c) Vereinbarkeit mit EG-Arbeitszeitrichtlinie*, S. 67 ff..

gem. § 7 Abs. 2 Nr. 1 ArbZG per Tarifvertrag oder ggf. per Betriebsvereinbarung abgewichen werden. Die Vorschrift erlaubt die Ruhezeit bei Rufbereitschaft[395] an die Besonderheiten dieses Dienstes anzupassen. Von den Anpassungen ist insbesondere die Ruhezeitverkürzung infolge einer Inanspruchnahme während des Dienstes erfasst, die zu einem späteren Zeitpunkt wieder ausgeglichen werden muss (vgl. § 7 Abs. 2 Nr. 1 S. 2 ArbZG). Die Verkürzung der Ruhezeit ist hierbei der Höhe nach nicht beschränkt, ein für die Gesundheit erträgliches Maß ist aber dennoch beizubehalten.[396] Weitergehend sind aber auch andere Anpassungen denkbar, wie etwa der Verzicht auf die ununterbrochene Ruhezeit und die Aufsummierung der Zeiten vor der unterbrechenden Inanspruchnahme der Arbeitsleistung mit den Zeiten danach.[397] Den Tarifvertragsparteien respektive den Betriebsparteien ist es somit, zumindest bei einer vertraglichen Ausgestaltung der ständigen Erreichbarkeit als Rufbereitschaft, nach § 7 Abs. 2 Nr. 1 ArbZG möglich, die in der digitalen Arbeitswelt benötigte Flexibilität herzustellen. Wird der Arbeitnehmer bspw. am späten Abend noch einmal in Anspruch genommen, so kann hierüber ermöglicht werden, dass der Arbeitnehmer auch vor Ablauf der elf Stunden am nächsten Tag wieder zur Arbeit erscheinen kann. In Bezug auf die hierbei verbleibenden Einschränkungen wird auf die Ausführungen bei der Verlängerung der Höchstarbeitszeit verwiesen.

Ergänzend kann eine Verkürzung der Ruhezeit begrenzt auf maximal neun Stunden per Tarifvertrag oder Betriebsvereinbarung auch gem. § 7 Abs. 1 Nr. 3 ArbZG erreicht werden, wenn die Art der Arbeit dies erfordert und die gekürzte Ruhezeit innerhalb eines festzulegenden Zeitraumes ausgeglichen wird.

---

[395] Zur Definition dieses Begriffes vgl. *Kapitel D. II. 2. b. aa. Ständige Erreichbarkeit*, S. 20 ff..

[396] BAG, Urt. v. 24.02.1982 – 4 AZR 223/80, BAGE 38, 69, 78 sieht eine angemessene Ruhezeit bei 6 Stunden; Baeck/Deutsch, § 7 ArbZG Rn. 89 der eine solche bei 5 ½ Stunden als gegeben ansieht; Wirtz, BB 2014, 1397, 1399 sieht in der Unterschreitung der neunstündigen Ruhezeit eine Ausnahme.

[397] Anzinger/Koberski, § 7 ArbZG Rn. 43; Baeck/Deutsch, § 7 ArbZG Rn. 87; Neumann/Biebl, § 7 ArbZG Rn. 34.

Die Art der Arbeit erfordert eine Verkürzung der Ruhezeit dann, wenn die Arbeit ansonsten wegen organisatorischen oder branchenspezifischen Gründen nicht oder nur unzureichend ausgeführt werden kann.[398] Den Tarifvertragsparteien steht hierbei ein weiter Beurteilungsspielraum zu.[399] Weitere Voraussetzung der Vorschrift ist, dass innerhalb des Tarifvertrages oder der Betriebsvereinbarung ein Zeitraum festgelegt wird, innerhalb dessen die Kürzung der Ruhezeit ausgeglichen wird. Mit Blick auf den Schutz der Gesundheit, der mit der Ruhezeit sichergestellt werden soll, ist der Ausgleichszeitraum besonders kurz zu bemessen, bspw. innerhalb derselben oder der folgenden Woche.[400] Ein Rückgriff auf den Ausgleichszeitraum des § 3 ArbZG verbietet sich.[401] Trotz der Einschränkungen aufgrund des Gesundheitsschutzes wird mit dem § 7 Abs. 1 Nr. 3 ArbZG allein den wirtschaftlichen Interessen des Arbeitgebers Rechnung getragen.[402] Dieser ist in der Lage, in Zusammenarbeit mit der Gewerkschaft die Ruhezeit zu verkürzen, wenn die Art der Arbeit dies erfordert, womit seinen Flexibilisierungsinteressen ausreichend Rechnung getragen wird. In Bezug auf die Befriedigung der Arbeitnehmerinteressen sei an dieser Stelle auf den Änderungsvorschlag zur Ruhezeit verwiesen.[403]

Eine Verkürzung der Ruhezeit kann daneben auch über § 7 Abs. 2a ArbZG erreicht werden. [404] Dies wird an dem in dieser Vorschrift enthaltenen Verweis auf § 5 Abs. 1 ArbZG deutlich. An dieser Stelle sei unter Verweis auf

[398] Baeck/Deutsch, § 7 ArbZG Rn. 74; *Gäntgen* in Henssler/Willemsen/Kalb, AR Kommentar, § 7 ArbZG Rn. 7; Neumann/Biebl, § 7 ArbZG Rn. 27; *Wank* in ErfK, § 7 ArbZG Rn. 10; Wirtz, BB 2014, 1397, 1399.

[399] Anzinger/Koberski, § 7 ArbZG Rn. 34; Baeck/Deutsch, § 7 ArbZG Rn. 74; *Gäntgen* in Henssler/Willemsen/Kalb, AR Kommentar, § 7 ArbZG Rn. 7; Neumann/Biebl, § 7 ArbZG Rn. 27; *Wank* in ErfK, § 7 ArbZG Rn. 10.

[400] Buschmann/Ulber, § 7 ArbZG Rn. 29.

[401] Buschmann/Ulber, § 7 ArbZG Rn. 29; a.A. Baeck/Deutsch, § 7 ArbZG Rn. 75.

[402] Bosch, Stellungnahme zum Grünbuch Arbeiten 4.0, S. 12; Krause, Digitalisierung der Arbeitswelt, B7, B45; Krause, NJW-Beil. 2016, 33, 34.

[403] Vgl. Kapitel *D. II. 3. b. Ruhezeit*, S. 32 ff..

[404] Baeck/Deutsch, § 7 ArbZG Rn. 110; Bermig, BB 2004, 101, 104; Krause, Digitalisierung der Arbeitswelt, B7, B41.

die Ausführungen bei der Verlängerung der Höchstarbeitszeit aber nochmals auf die Ungeeignetheit dieser weitgehenden Flexibilisierungsmöglichkeit hingewiesen.

Die Kürzung der Ruhezeit per Tarifvertrag oder Betriebsvereinbarung ist zudem auch in bestimmten Branchen (Landwirtschaft, Behandlung, Pflege, Betreuung und öffentlicher Dienst) unter der Bedingung, dass ein entsprechender Zeitausgleich gewährt wird (vgl. § 7 Abs. 2 Nr. 2, 3 und 4 ArbZG), zugelassen. Hierbei gilt es § 7 Abs. 8 ArbZG zu berücksichtigen. Wie schon bei der Höchstarbeitszeit sollen diese Flexibilisierungsmöglichkeiten an dieser Stelle aber aufgrund ihres Spezialfallcharakters nicht weiter vertieft werden.

Ergänzend sei an dieser Stelle darauf hingewiesen, dass die Verkürzung der Ruhezeit nicht die automatische Folge der Verlängerung der Höchstarbeitszeit ist. Die Verkürzung stellt vielmehr eine eigene Gestaltungsmöglichkeit dar, die isoliert oder in Verbindung mit einer Arbeitszeitverlängerung geregelt werden kann.[405] Zu beachten ist jedoch, dass eine Verkürzung der Ruhezeit nach § 7 Abs. 9 ArbZG dann ausscheidet, wenn die werktägliche Arbeitszeit auf über 12 Stunden verlängert wurde.

c) Vereinbarkeit des § 7 ArbZG mit der Arbeitszeitrichtlinie 2003/88/EG

Die Akteure der kollektivrechtlichen Ebene können, wie soeben dargelegt, die Arbeitszeit über § 7 ArbZG, wenn auch mit Einschränkungen, flexibilisieren und damit die arbeitszeitrechtlichen Probleme weitgehend lösen. Dennoch soll an dieser Stelle nicht unausgesprochen bleiben, dass in der Literatur Zweifel an der Vereinbarkeit des § 7 ArbZG mit der EG-Arbeitszeitrichtlinie geäußert werden.

Mit Blick auf den in Art. 16 lit. b RL 2003/88/EG für die Höchstarbeitszeit festgelegten Ausgleichszeitraum von vier Monaten wird eine Richtlinienwidrigkeit richtigerweise in Bezug auf den in § 7 Abs. 8 i.V.m. § 7 Abs. 1 Nr. 1, Abs. 2 Nr. 2 bis 4 ArbZG pauschal festgelegten Ausgleichszeitraum

---

[405] Wirtz, BB 2014, 1397, 1399.

von 12 Monaten angenommen.[406] Von dem viermonatigen Ausgleichszeitraum kann zwar gem. Art. 17 Abs. 3 RL 2003/88/EG abgewichen werden, allerdings wird die maximal zugelassene Abweichung auf sechs Monate (Art. 19 Unterabs. 1 RL 2003/88/EG) bzw. in ganz eng festgeschrieben Ausnahmefällen auf zwölf Monate (Art. 19 Unterabs. 2 RL 2003/88/EG) begrenzt. Dasselbe gilt auch für die zulässigen Abweichungen nach Art. 18 Unterabs. 2 i.V.m. Unterabs. 3 RL 2003/88/EG.[407]

Ebenfalls zugestimmt werden kann den Zweifeln an der Richtlinienkonformität im Zusammenhang mit den Vorschriften des § 7 Abs. 1 Nr. 1 und 3 ArbZG sowie des § 7 Abs. 2 Nr. 1 und 4 ArbZG als auch des § 7 Abs. 2a ArbZG unter Art. 17 Abs. 2 und 3 RL 2003/88/EG, da sich diese Vorschriften nicht auf die in Art. 17 Abs. 3 RL 2003/88/EG genannten Tätigkeiten beschränken.[408] Zumindest zu Teilen[409] kann auch den Zweifeln an diesen Vorschriften unter Art. 18 Unterabs. 2 RL 2003/88/EG mit dem Verweis auf die Erforderlichkeit, da die Vorschriften lediglich Arbeitsformen nennen, bei denen der deutsche Gesetzgeber pauschal davon ausgeht, dass Abweichungen erforderlich sind, ohne dass sich aus den Vorschriften selbst die zu wahrenden Interessen ergeben, gefolgt werden.[410] Auch dem Hinweis, dass Art. 18 Unterabs. 2 RL 2003/88/EG Abweichungen nur im Rahmen von Rechts- und Verwaltungsvorschriften oder Tarifverträgen bzw. Vereinba-

---

[406] Buschmann/Ulber, § 7 ArbZG Rn. 22; KOM (2010) 802, S. 4; Schliemann, NZA 2004, 513, 517; Schubert/Jerchel, WSI Mitteilungen 2/2011, 76, 79; *Ulber* in Preis/Sagan, Europ. AR, § 6 Rn. 258; a.A. Baeck/Deutsch, § 7 ArbZG Rn. 152; Neumann/Biebl, § 7 ArbZG Rn. 59.

[407] *Ulber* in Preis/Sagan, Europ. AR, § 6 Rn. 258.

[408] *Ulber* in Preis/Sagan, Europ. AR, § 6 Rn. 232, 252 und 255.

[409] Der Wortlaut des Art. 18 Unterabs. 2 RL 2003/88/EG enthält im Unterschied zu Art. 17 RL 2003/88/EG keine bestimmten Berufe oder Tätigkeiten, sondern erlaubt pauschal die Abweichung von den dort vorgesehenen Vorschriften, wovon im Übrigen Art. 6 RL 2003/88/EG nicht umfasst ist, sofern gleichwertige Ausgleichsruhezeiten gewährt werden.

[410] Schubert/Jerchel, WSI Mitteilungen 2/2011, 76, 80; *Ulber* in Preis/Sagan, Europ. AR, § 6 Rn. 272, 284.

rungen zwischen den Sozialpartnern, nicht aber im Rahmen von Betriebsvereinbarungen zulässt, ist zuzustimmen. [411] Für eine Unionsrechtskonformität ist § 7 Abs. 1 und Abs. 2 ArbZG sowie § 7 Abs. 2a ArbZG somit so auszulegen, dass es für eine Abweichung per Betriebsvereinbarung einer tarifvertraglichen Grundlage bedarf, welche die Außengrenzen für die betriebliche Vereinbarung vollständig definiert.[412]

Besonders schwere Zweifel werden auch an der Rechtfertigung des § 7 Abs. 2a i.V.m. § 7 Abs. 7 ArbZG unter Art. 22 RL 2003/88/EG geäußert, der den individuellen Opt-Out und die Möglichkeit zur Erweiterung der Arbeitszeit enthält.[413] Begründet wird dies damit, dass Adressat des Art. 22 RL 2003/88/EG allein der Staat sei.[414] Dieser habe dementsprechend auch für die Einhaltung der Grundsätze der Sicherheit und des Gesundheitsschutzes des Arbeitnehmers zu sorgen, sodass die vom deutschen Gesetzgeber vorgenommene pauschale Übertragung der Kompetenzen an die Sozialpartner zu weit reiche.[415] In diesem Zusammenhang darf aber auch auf die Argumentation der Gegenmeinung hingewiesen werden, die eine Übertragung auf die sachnäheren Tarifvertragsparteien unter Verweis auf die Prinzipien des Unionsrechts bei der Umsetzung von unionsrechtlichen Richtlinien (vgl. Art. 288 AEUV) sowie dem vom EuGH in den Entscheidungen Mangold[416]

---

[411] Buschmann/Ulber, § 7 ArbZG Rn. 22; *Ulber* in Preis/Sagan, Europ. AR, § 6 Rn. 273.

[412] *Ulber* in Preis/Sagan, Europ. AR, § 6 Rn. 274.

[413] Buschmann/Ulber, § 7 Rn. 42; Neumann/Biebl, § 7 ArbZG Rn. 19 a; Schubert/Jerchel, WSI Mitteilungen 2/2011, 76, 80; *Ulber* in Preis/Sagan, Europ. AR, § 6 Rn. 291 ff..

[414] *Ulber* in Preis/Sagan, Europ. AR, § 6 Rn. 288; a.A. Baeck/Deutsch, § 7 ArbZG Rn. 112.

[415] Buschmann/Ulber, § 7 Rn. 42 f.; Schubert/Jerchel, WSI Mitteilungen 2/2011, 76, 80; *Ulber* in Preis/Sagan, Europ. AR, § 6 Rn. 290, 318 f.; a.A. Baeck/Deutsch, § 7 ArbZG Rn. 109; *Herms* in Kommentierung zu BAG, Urt. v. 23.06.2010 – 10 AZR 543/09, BB 2011, 506, 510.

[416] EuGH, Urt. v. 22.11.2005 – Rs. C-144/04, Slg. 2005, I-09981 Rn. 63 – Mangold.

und Palacios de la Villa[417] betonten weiten Ermessensspielraum des nationalen Gesetzgebers als gerechtfertigt ansieht.[418] Unabhängig von dem Adressaten des Art. 22 RL 2003/88/EG wird zusätzlich moniert, dass § 7 Abs. 2a ArbZG auch eine Abweichung von der Ruhezeit nach § 5 Abs. 1 ArbZG vorsehe, die vom Opt-Out des Art. 22 RL 2003/88/EG gerade nicht umfasst sei.[419] Inhaltlich werden weiter auch Zweifel an dem allein arbeitgeberseitigen und nicht auch sozialrechtlich ausgerichteten Benachteiligungsverbot[420] sowie an der sechsmonatigen Bindung der Einwilligung (vgl. § 7 Abs. 7 ArbZG)[421] anstelle einer jederzeitigen Widerrufsmöglichkeit laut. Schließlich wird im Zusammenhang des § 7 Abs. 2 a ArbZG auch noch der Art. 23 RL 2003/88/EG ins Feld geführt, der eine Zurücknahme des allgemeinen Arbeitnehmerschutzes bei der Umsetzung der EG-Arbeitszeitrichtlinie in nationales Recht verbietet.[422]

Im Ergebnis spricht somit viel dafür, dass § 7 Abs. 2a ArbZG richtlinienwidrig ist. Es ist deshalb umso mehr zu bedauern, dass das BAG trotz seiner Feststellung, dass § 7 Abs. 2a ArbZG keine Vorgaben zur Sicherstellung der Gesundheit der Arbeitnehmer enthält[423] und der sich daraus gem. Art. 267 AEUV ergebende Pflicht zur Vorlage beim EuGH, dieser nicht nachgekommen ist, da auf diesem Wege eine Klärung hätte erreicht werden können.[424]

---

417 EuGH, Urt. v. 16.10.2007 – Rs. C-411/05, Slg. 2007, I-08531 Rn. 68 – Palacios de la Villa.

418 *Herms* in Kommentierung zu BAG, Urt. v. 23.06.2010 – 10 AZR 543/09, BB 2011, 506, 510.

419 Buschmann/Ulber, § 7 ArbZG Rn. 43; Schubert/Jerchel, WSI Mitteilungen 2/2011, 76, 80; *Ulber* in Preis/Sagan, Europ. AR, § 6 Rn. 321.

420 Buschmann/Ulber, § 7 ArbZG Rn. 43; *Ulber* in Preis/Sagan, Europ. AR, § 6 Rn. 309.

421 Buschmann/Ulber, § 7 ArbZG Rn. 43; *Ulber* in Preis/Sagan, Europ. AR, § 6 Rn. 302; a.A. *Wank* in ErfK, § 7 ArbZG Rn. 26 unter Verweis auf die Ermöglichung einer realistischen Planung beim Arbeitgeber; Neumann/Biebl, § 7 ArbZG Rn. 56; Schliemann, § 7 ArbZG Rn. 88.

422 Buschmann/Ulber, § 7 ArbZG Rn. 43; Schubert/Jerchel, WSI Mitteilungen 2/2011, 76, 80.

423 BAG, Urt. v. 23.06.2010 - 10 AZR 543/09, BAGE 135, 34, 42.

424 *Ulber* in Preis/Sagan, Europ. AR, § 6 Rn. 292, 318 wirft dem BAG in diesem Zusammenhang sogar eine bewusste Umgehung der Vorlagepflicht vor, in dem es durch Anwendung der EuGH-Rechtsprechung zu den Mindestruhezeiten und

Für die Lösung der arbeitszeitrechtlichen Probleme in der digitalen Arbeitswelt bedeutet dies Folgendes: Sollte der EuGH in einem Vorlageverfahren die Möglichkeit erhalten, die soeben aufgeführten Vorschriften zu untersuchen und diese für richtlinienwidrig erachten, wofür eine gewisse Tendenz mit Blick auf die bisherige Rechtsprechung des EuGH spricht[425], so sind neben der Begründung richtlinienkonformer kollektivrechtlicher Abweichungsmöglichkeiten seitens des deutschen Gesetzgebers auch nochmals derzeit noch ungenutzte europäische Handlungsspielräume, wie etwa der bei der Höchstarbeitszeit, auf ihre Nutzung zur Flexibilisierung der Arbeitszeit zu überprüfen. Etwas anderes kann nur dann gelten, wenn auf Unionsebene ein Änderungskurs eingeschlagen wird.[426]

d) Zusammenfassung

Zusammenfassend kann festgehalten werden, dass den Akteuren des kollektiven Arbeitsrechts über die Gestaltungsmöglichkeiten in § 7 ArbZG eine weitreichende Flexibilisierung der Arbeitszeit ermöglicht wird. Während bei der Verlängerung der Höchstarbeitszeit insbesondere der § 7 Abs. 1 Nr. 1 lit. a ArbZG hilfreich ist, bietet bei der Verkürzung der Ruhezeit insbesondere der § 7 Abs. 2 Nr. 1 ArbZG sowie der § 7 Abs. 1 Nr. 3 ArbZG besondere Chancen. Aufgrund des „Machtkampfes“ zweier im Idealfall gleich starker Partner und des damit verbundenen Austarierens der beiderseitigen Interessen ist unter Gesundheitsaspekten auch ein akzeptables Ergebnis zu erwarten. Auch wenn sich die Standhaftigkeit der Flexibilisierungsmöglichkeiten in § 7 ArbZG erst künftig nach einer Rechtsprechung des EuGH zweifelsfrei beurteilen lässt, so ist an dieser Stelle aus dem zuvor genannten Grund des Machtgleichgewichtes bereits festzuhalten, dass die

---

zu den Art. 17 und 18 der RL 2003/88/EG in der Rechtssache Jaeger auf den Art. 22 RL 2003/88/EG suggeriert habe, es würde bereits eine Rechtsprechung des EuGH zu Art. 22 RL 2003/88/EG bestehen, was allerdings nicht der Realität entspreche. Er ruft die Praxis dazu auf, bei einem weiteren Festhalten des BAG an diesem Vorgehen, sich des Instruments der Verfassungsbeschwerde mit der Begründung des Verstoßes gegen Art. 101 Abs. 1 S. 2 GG zu bedienen.

425 EuGH, Urt. v. 09.09.2003 – Rs. C-151/02, Slg. 2003, I-08389 Rn. 89 - Jaeger.

426 Eher unwahrscheinlich vgl. *Ulber* in Preis/Sagan, Europ. AR, § 6 Rn. 344 der die Drohung der Europäischen Kommission, die Mitgliedstaaten mit Vertragsverletzungsverfahren zu überziehen, ins Feld führt.

Lösung der arbeitszeitrechtlichen Probleme in der digitalen Arbeitswelt durch kollektivrechtliche Gestaltung erfolgen sollte. Erst wenn hierüber keine Lösung erzielt werden kann, sollte nachrangig über eine gesetzliche Ergänzung nachgedacht werden.

II Rückhalt der theoretischen Flexibilisierungsmöglichkeiten in der Praxis

§ 7 ArbZG beinhaltet, wie soeben dargelegt, weitreichende kollektivrechtliche Gestaltungsmöglichkeiten zur Flexibilisierung der Arbeitszeit. Die Adressaten dieser Vorschrift sind aber nicht dazu verpflichtet, von den ihnen dort theoretisch möglichen Gestaltungen Gebrauch zu machen.[427] Mit Blick auf die eingangs in dieser Untersuchung genannten gesundheitlichen Bedenken ist daher der zukünftige Rückhalt dieser in der Theorie bestehenden Möglichkeiten in der Praxis zu hinterfragen. Es ist nicht unwahrscheinlich, dass sich Gewerkschaften und Betriebsräte zukünftig wieder vermehrt um Regelungen bemühen werden, die der Arbeit einen zeitlichen Rahmen setzen. Aus diesen Gründen werden nachfolgend verschiedene Regelungen zur Begrenzung der ständigen Erreichbarkeit und einer sich daraus potenziell als Arbeitszeit zu wertenden ergebenden Freizeittätigkeit, als Ursprung aller arbeitszeitrechtlichen Probleme in der digitalen Arbeitswelt, dargelegt. Diese Regelungen sind v. a. dann von Bedeutung, wenn eine ständige Erreichbarkeit nicht im Rahmen einer vertraglich ausgestalteten Rufbereitschaft, sondern vielmehr im Spannungsverhältnis verschiedener Erwartungen besteht.

1 Beispiele aus der Praxis

Dass der ständigen Erreichbarkeit in der Freizeit bestimmte Grenzen gesetzt werden müssen, haben schon verschiedene Unternehmen der deutschen Wirtschaft erkannt, sodass sich in der Praxis bereits unterschiedliche Regelungsansätze zur Begrenzung der ständigen Erreichbarkeit finden lassen.

So verfügen z.B. die Unternehmen Telekom, BMW, Audi, E.ON und Continental über Verhaltensleitfäden, in denen klargestellt wird, dass Arbeitneh-

[427] Baeck/Deutsch, § 7 ArbZG Rn. 20.

mer außerhalb ihrer regulären Arbeitszeit nur in Ausnahmefällen dazu verpflichtet sind, E-Mails und Telefonate zu beantworten.[428] Die Telekom setzt hierbei auf die Vorbildfunktion ihrer Führungskräfte und empfiehlt diesen in ihrer konzerninternen Richtlinie auf eine E-Mail-Kommunikation nach Feierabend zu verzichten. Darüber hinaus wird den Arbeitnehmern die Möglichkeit eingeräumt, gegenüber ihren jeweiligen Führungskräften Zeiten anzugeben, in denen sie nicht erreichbar sind.[429] Dieselbe Möglichkeit, nur umgekehrt mit einer Angabe von Erreichbarkeitszeiten, wird auch den an den deutschen Standorten von BMW beschäftigten Arbeitnehmern angeboten. Zudem können die Arbeitnehmer von BMW die mobil erbrachte Arbeitszeit in ihren Arbeitszeitkonten erfassen und diese mit Freizeit ausgleichen lassen.[430] Eine Anrechnung der mobil erbrachten Arbeitszeit ist auch bei Audi möglich, allerdings erst nach Absprache mit der jeweiligen Führungskraft.[431] Weniger konkret wird es bei E.ON den einzelnen Teams selbst überlassen das Thema der Erreichbarkeit unter Beachtung der gesetzlichen Vorgaben zu regeln.[432] Continental gibt seinen Arbeitnehmern in Leitfäden hingegen Vorschläge, wie, bspw. mit der Nutzung von Telefon- und E-Mail-Filtern sowie der Definition von Kommunikationspausen, die Kommunikation in der Freizeit begrenzt werden kann.[433]

---

[428] Kaufmann, Spiegel Online vom 17.02.2014, www.spiegel.de/karriere/berufsleben/erreichbar-nach-dienstschluss-massnahmen-der-konzerne-a-954029.html (letzter Abruf 21.01.2017); Maier/Ossoinig, DB 2015, 2391, 2393.

[429] Hoffmann, Computerwoche vom 28.06.2014, www.computerwoche.de/a/keine-E-Mails-waehrend-der-freizeit,2556778,5 (letzter Abruf 23.01.2017); Maier/Ossoinig, DB 2015, 2391, 2393.

[430] FAZ.net vom 16.02.2014, www.faz.net/aktuell/beruf-chance/arbeitswelt/recht-auf-unerreichbarkeit-bmw-mitarbeiter-erhalten-ausgleich-fuer-smartphonearbeit-12804874.html (letzter Abruf: 21.01.2017); Maier/Ossoinig, DB 2015, 2391, 2393.

[431] Maier/Ossoinig, DB 2015, 2391, 2393; Welt.de vom 18.02.2014, www.welt.de/wirtschaft/karriere/article124960587/Warum-Arbeitgeber-ploetzlich-die-E-Mails-ausbremsen.html (letzter Abruf 21.01.2017).

[432] Hoffmann, Computerwoche vom 28.06.2014 (Fn. 417); Maier/Ossoinig, DB 2015, 2391, 2393.

[433] Hoffmann, Computerwoche vom 28.06.2014 (Fn. 417); Maier/Ossoinig, DB 2015, 2391, 2393.

Neben verhaltensbezogenen Ansätzen finden sich in der Praxis aber auch technische Ansätze zur Begrenzung der ständigen Erreichbarkeit in der Freizeit wieder. So bestimmt VW bspw. in seiner Verfahrensregelung zur Vergabe von Firmen-Smartphones, dass die E-Mail-Funktion der Smartphones 30 Minuten nach Ende der Gleitzeit abgeschaltet und der Serverbetrieb erst am nächsten Morgen, 30 Minuten vor Beginn der Gleitzeit, wieder aufgenommen wird.[434] Den tarifbeschäftigten Arbeitnehmern von VW ist es somit in der Zeit von 18:15 Uhr bis 7:00 Uhr des Folgetages sowie an Wochenenden nicht möglich, über ihr Firmen-Smartphone E-Mails zu empfangen.[435] Telefonate bleiben allerdings möglich. Einen technischen Ansatz zur Begrenzung der ständigen Erreichbarkeit verfolgt auch Daimler, dessen Arbeitnehmern bei einer länger andauernden Abwesenheit von fünf Tagen oder im Falle von Urlaub auf Wunsch die Löschung der eingehenden E-Mail-Kommunikation ermöglicht wird.[436] Die Absender der E-Mails erhalten bei Löschung eine Abwesenheitsnotiz mit den Kontaktdaten des zuständigen Vertreters. Eine Erfassung der Arbeitnehmer, die von dieser Regelung Gebrauch machen, findet nicht statt.[437]

2 Bewertung und Weiterentwicklung der Ansätze

Die Regelungsansätze aus der Praxis verdeutlichen, dass in Unternehmen zunehmend ein Bewusstsein dafür entsteht, dass eine ständige Erreichbar-

---

434 Maier/Ossoinig, DB 2015, 2391, 2394; Spiegel Online vom 23.12.2011, http://www.spiegel.de/wirtschaft/service/blackberry-pause-vw-betriebsrat-setzt-E-Mail-stopp-nach-feierabend-durch-a-805524.html (letzter Abruf 21.01.2017); Steffan, NZA 2015, 1409, 1410.

435 Däubler, Internet und Arbeitsrecht, S. 116; Maier/Ossoinig, DB 2015, 2391, 2394; n-tv.de vom 23.12.2011, www.n-tv.de/wirtschaft/VW-kappt-nachts-Blackberry-Mails-article5072746.html (letzter Abruf 21.01.2017); Giese, AiB 2014, 64, 64.

436 Giese, AiB 2014, 64, 64; Hoffmann, Computerwoche vom 28.06.2014 (Fn. 417); Kaufmann, Spiegel Online vom 17.02.2014 (Fn. 416); Maier/Ossoinig, DB 2015, 2391, 2394; Mühlauer, Süddeutsche Zeitung vom 03.12.2012, www.sueddeutsche.de/karriere/ende-der-staendigen-erreichbarkeit-E-Mails-nach-feierabend-unerwuenscht-1.1539941 (letzter Abruf 21.01.2017).

437 Maier/Ossoinig, DB 2015, 2391, 2394; Welt.de vom 18.02.2014 (Fn. 419).

keit in der Freizeit negative Auswirkungen auf die Gesundheit der Arbeitnehmer haben kann.[438] Positiv ist deshalb an allen soeben vorgestellten Regelungsansätze aus der Praxis hervorzuheben, dass sie eine Klarstellung dahingehend beinhalten, dass eine Erreichbarkeit des Arbeitnehmers außerhalb der regulären Arbeitszeit nicht erwartet wird.[439] Dies ist insbesondere von Bedeutung, weil nicht selten Arbeitnehmer ihre Arbeit in die Freizeit deshalb mitnehmen, weil sie Angst oder Sorge haben, sie würden ansonsten den Erwartungen des Arbeitgebers, des Vorgesetzten, des Kollegen oder des Kunden nicht gerecht werden, verbunden mit der Gefahr eines Arbeitsplatzverlustes.[440] In diesem Zusammenhang ist wichtig zu erwähnen, dass die Erwartungen zugunsten einer verringerten Erreichbarkeit aber auch gelebt werden müssen, denn ansonsten besteht die Gefahr, dass der Teil der Arbeitnehmer, der die Erwartungen Ernst nimmt, als weniger belastbar oder als leistungsunwillig wahrgenommen wird.[441]

Positiv hervorgehoben werden kann an den verhaltensbezogenen Ansätzen von BMW und Audi zudem, dass sie weitergehend auch die Klarstellung beinhalten, dass eine mobil geleistete Arbeit ebenso Arbeitszeit ist, die als solche auch erfasst und in Freizeit ausgeglichen werden kann. Kritisch beäugt werden kann aber, zumindest bei dem Ansatz von Audi, dass die Erfassung der Arbeitszeit nicht automatisch, sondern erst nach Rücksprache mit der jeweiligen Führungskraft erfolgt.[442] Weiter positiv ist bei den verhaltensbezogenen Ansätzen zu nennen, dass sie den Arbeitnehmern trotz der Klarstellung, dass eine ständige Erreichbarkeit nicht erwartet wird, nicht zugleich die Möglichkeit eines flexiblen Arbeitens unter dem Aspekt der Vereinbarkeit von Familie und Beruf nehmen. Die Arbeitnehmer können somit die betrieblich geschaffenen Freiräume nutzen, können sich aber zugleich

---

438 Kaufmann, Spiegel Online vom 17.02.2014 (Fn. 416); Maier/Ossoinig, DB 2015, 2391, 2394.

439 Maier/Ossoinig, DB 2015, 2391, 2394.

440 Gaul, DB 2013, 60, 63; Maier/Ossoinig, DB 2015, 2391, 2391; Rudolph, AiB 2012, 378, 379; Schwemmle/Wedde, Digitale Arbeit in Deutschland, S. 54; Thannheiser, Mobile Endgeräte, S. 24.

441 Gaul, DB 2013, 60, 63; Maschke/Werner, Arbeiten 4.0, S. 12; Rudolph, AiB 2012, 378, 379.

442 Maier/Ossoinig, DB 2015, 2391, 2395; wohl auch Däubler, Internet und Arbeitsrecht, S. 120; Maschke/Werner, Arbeiten 4.0, S. 12.

bei einer persönlichen Präferenz für eine klare Trennung zwischen Arbeitszeit und Freizeit auf die festgelegten Bestimmungen berufen.[443]

Hinsichtlich der Praktikabilität kritisch betrachtet werden können die von Telekom und BMW praktizierten Ansätze, bestimmte Zeiträume anzugeben, innerhalb derer man erreichbar oder gerade nicht erreichbar ist. Zum einen ist die Freizeit der Arbeitnehmer selten über Wochen und Monate konstant gleichbleibend strukturiert, sodass in einem regelmäßigen Abstand Aktualisierungen vorgenommen werden müssten, mit der Folge, dass sich der Arbeitgeber vor jeder Kontaktaufnahme darüber informieren müsste, ob der Arbeitnehmer die Zeiten nun letztendlich geblockt hat oder nicht.[444] Zum anderen werden über diesen Ansatz auch unvorhergesehene Ereignisse nicht erfasst.[445]

Unter der Prämisse, dass Arbeitnehmer nicht generell dem Beruf oder der Freizeit den Vorzug geben, sondern vielmehr situationsabhängig entscheiden, wird in der Literatur als verbesserte Alternative die implizite Kommunikation als zukünftiger technischer Ansatz ins Feld geführt.[446] „[...] [Diese] beschreibt eine Kommunikation, bei der der Sender keine und der Empfänger nur eine reduzierte Aufmerksamkeit zur Kommunikation benötigt."[447] Dies wird dadurch sichergestellt, indem der Arbeitnehmer bestimmte Faktoren angibt, die für eine Erreichbarkeit seinerseits in der Freizeit erforderlich sind. Der den Arbeitnehmer Kontaktierende hat wiederum diese Faktoren bei seiner Kommunikationsanfrage zu beantworten. Erst wenn eine bestimmte Anzahl von Faktoren erfüllt ist, wird die Kommunikationsanfrage durchgestellt und eine Kommunikation kommt zustande. Denkbarer Faktor zur Beurteilung, ob eine Kommunikation zustande kommt oder nicht, ist unter anderem der Bekanntheitsgrad des Kontaktaufnehmenden. Einzelnen Personen oder Personengruppen kommt bei einer Kommunikationsanfrage

---

443 Maier/Ossoinig, DB 2015, 2391, 2394.

444 Maier/Ossoinig, DB 2015, 2391, 2394.

445 Maier/Ossoinig, DB 2015, 2391, 2394.

446 Maier/Ossoinig, DB 2015, 2391, 2395; vgl. hierzu auch das Forschungsförderungsprogramm „Always Online? – Ein neues Kommunikationsparadigma für die Kommunikationsgesellschaft (Social Link)", http://www.social-link.uni-kassel.de (letzter Abruf 27.01.2016).

447 Maier/Ossoinig, DB 2015, 2391, 2395.

eine höhere Priorität zu als anderen, sodass deren Kommunikationsanfragen präferierter durchgestellt werden sollten als die der Anderen.[448] Als Beispiel ist etwa an eine Kommunikationsanfrage seitens der Geschäftsführung zu denken. Des Weiteren kann bei der Beurteilung des Zustandekommens der Kommunikation auch nach der Dringlichkeit der Kommunikationsanfrage unterschieden werden. Es empfiehlt sich ein Wertungssystem mit den Wichtigkeitsstufen gering, mittel und hoch einzuführen.[449] Neben der Dringlichkeit kann auch die Art der Kommunikation für das Zustandekommen einer Kommunikation eine Rolle spielen.[450] Nicht jedes Kommunikationsmedium ist in seiner Eingriffsintensität für den Arbeitnehmer gleich. So stellt bspw. ein Anruf einen größeren Eingriff in die Freizeit des Arbeitnehmers dar als eine E-Mail, da der Arbeitnehmer nicht wie bei der E-Mail selbst entscheiden kann, wann er diese liest, sondern nur dazwischen entscheiden kann, ob er den Anruf annimmt oder nicht.[451] Auch der Aufenthaltsort kann in diesem Zusammenhang eine Rolle spielen, da nicht jedes Kommunikationsmedium für jeden Aufenthaltsort des Arbeitnehmers geeignet ist.[452] So ist bspw. eine E-Mail insbesondere in Gebieten, in denen der Telefonempfang begrenzt ist, vorzugswürdiger. Als weiterer Faktor zur Beurteilung eines Zustandekommens einer Kommunikation ist auch die Tageszeit, zu der die Kontaktaufnahme stattfindet, denkbar. Insbesondere Nachtzeiten dienen der Regeneration des Arbeitnehmers, sodass diese besonders schutzwürdig sind.[453] Ergänzend kann als weiterer Faktor auch noch an die Höhe eines potenziellen Schadens bei einem Nichtzustandekommen der Kommunikation gedacht werden. Kommunikationsanfragen, bei deren Ablehnung das Risiko eines hohen finanziellen Schadens oder eines Reputationsschadens besteht, sind eher an den Arbeitnehmer durchzustellen als Kommunikationsanfragen, bei deren Ablehnung kein Schaden droht.[454]

---

[448] Maier/Ossoinig, DB 2015, 2391, 2395.

[449] Maier/Ossoinig, DB 2015, 2391, 2395.

[450] Maier/Ossoinig, DB 2015, 2391, 2395.

[451] Maier/Ossoinig, DB 2015, 2391, 2395.

[452] Maier/Ossoinig, DB 2015, 2391, 2395.

[453] Maier/Ossoinig, DB 2015, 2391, 2395.

[454] Maier/Ossoinig, DB 2015, 2391, 2395 f..

Ein großer Nachteil der impliziten Kommunikation ist, dass das Erfassen und Aktualisieren der Faktoren sehr zeitaufwendig sein kann. Der in der Literatur bestehende weiterführende Ansatz[455], die zeitaufwendige Erfassung der Faktoren durch automatische Lernprozesse unter Nutzung der in den mobilen Kommunikationsmitteln verbauten verschiedenen Sensoren zu entlasten, indem bspw. von einem Mikrofon wahrgenommene laute Hintergrundgeräusche zur automatischen Abweisung eines eingehenden Anrufes führen, erscheint mit Blick auf den Schutz der Privatsphäre des Arbeitnehmers fragwürdig.

Nichtsdestotrotz bietet die implizite Kommunikation zukünftig eine gute Möglichkeit, den Arbeitnehmer außerhalb der regulären Arbeitszeit in Notfällen kontaktieren zu können, ohne mit den zuvor genannten Problemen bei einer Angabe von (Nicht-)Erreichbarkeitszeiten konfrontiert zu sein. Zudem bleiben durch die selbstbestimmte Festlegung der Faktoren durch den Arbeitnehmer dessen Interessen nicht vollkommen unberücksichtigt. Dieser Punkt ist nämlich neben der Praktikabilität der Angabe von (Nicht-)Erreichbarkeitszeiten bei den verhaltensbezogenen Ansätzen aus der Praxis ebenso zu bemängeln. Es fällt auf, dass die Ausgestaltung der Erreichbarkeit der Arbeitnehmer sehr stark von dem Verhalten der Führungskräfte abhängig gemacht wird.[456] Dies ist sicherlich richtig, da diese bei der Etablierung einer neuen Kommunikationskultur eine bedeutende Rolle einnehmen.[457] Dennoch sollten auch Konsequenzen feststehen, wenn die Führungskräfte ihre Vorbildfunktionen nicht erfüllen. Es empfiehlt sich daher die Regelungen nicht als Empfehlung, sondern als verbindliche Vereinbarungen, bspw. in Form einer Betriebsvereinbarung, auszugestalten.[458]

Wirft man einen Blick auf die technischen Ansätze der Praxis, so fällt negativ auf, dass diese zwar die Belastungen der Arbeitnehmer in der Freizeit verringern, im Gegenzug unter Umständen aber die Belastungen während

---

455 Maier/Ossoinig, DB 2015, 2391, 2396.

456 Maier/Ossoinig, DB 2015, 2391, 2394.

457 Maier/Ossoinig, DB 2015, 2391, 2394.

458 BITKOM, Studie zu Arbeiten in der digitalen Welt, S. 27; Maier/Ossoinig, DB 2015, 2391, 2394.

der Arbeit erhöhen. So werden die Kommunikationsanfragen bei einer Serverabschaltung wie bspw. bei VW am nächsten Tag geballt auftauchen[459] und bei Daimler wird die Belastung des in Vertretung gesetzten Arbeitnehmers durch eine vermehrte Anzahl von Kommunikationsanfragen erhöht sein. Auch hier könnte die implizite Kommunikation zukünftig hilfreich sein, da sie eine Filterung der Kommunikationsanfragen vornimmt und in Notfällen eine Kommunikation zulässt, sodass eine gewisse Entlastung erreicht werden kann. Darüber hinaus vermindert die implizite Kommunikation auch die beim Regelungsansatz von VW bestehende Gefahr, dass insbesondere intrinsisch motivierte Arbeitnehmer die technisch aufgestellten Kommunikationshürden umgehen, indem sie ihrem nicht berücksichtigten Kommunikationsbedürfnis auf privatem Wege per Telefonat, SMS oder E-Mail nachgehen[460].

3 Zusammenfassung

Die in der Praxis bereits vorhandenen Regelungsansätze bilden eine gute Ausgangsbasis für einen verantwortungsvollen Umgang mit mobilen Kommunikationsmitteln im unternehmerischen Verkehr. Allerdings ist aufgrund der soeben aufgezeigten Schwächen eine Weiterentwicklung erforderlich. Einen ersten zukünftigen technischen Ansatz hierfür bietet die implizite Kommunikation. Im Allgemeinen muss der Grundgedanke aller zukünftigen Regelungen sein, sowohl die Arbeitnehmer zu erfassen, die in einer flexiblen Arbeitszeitgestaltung persönliche Vorteile sehen, als auch diejenigen, die lieber eine strikte Trennung zwischen Arbeitszeit und Freizeit bevorzugen. Allerdings sind auch die flexibilitätsliebenden Arbeitnehmer vor Kontaktanfragen zu unpassenden Zeiten unter Gesundheitsaspekten zu schützen. Ob dies über einen verhaltensbezogenen oder einen technischen Ansatz sichergestellt wird, ist vom jeweiligen Einzelfall abhängig. Denkbar wäre auch eine Kombination aus beidem. Im Nachfolgenden wird eine verhaltensbezogene Vereinbarung als mögliches Muster zur Begrenzung der ständigen Erreichbarkeit aufgezeigt.

---

459 Däubler, Internet und Arbeitsrecht, S. 114; Gaul, DB 2013, 60, 64; Rudolph, AiB 2012, 378, 380.

460 Gaul, DB 2013, 60, 64; Maier/Ossoinig, DB 2015, 2391, 2394.

4 Mustervereinbarung[461]

Vereinbarung zur Regelung der Erreichbarkeit in der Freizeit

Zwischen dem Betriebsrat der [*Name des Unternehmens, Straße, PLZ, Ort*]

– nachfolgend: Betriebsrat – und

der [*Name des Unternehmens*], vertreten durch [*Name der Unternehmensleitung, Straße, PLZ, Ort*]

– nachfolgend: Arbeitgeber –

wird folgende Vereinbarung zur Regelung der Erreichbarkeit von Arbeitnehmerinnen und Arbeitnehmern in ihrer Freizeit, die im Folgenden gemeinsam unter dem Begriff Arbeitnehmer gefasst werden, geschlossen:

Vorbemerkung

Mit Hilfe von mobilen Kommunikationsmitteln ist die Erbringung von Arbeitsleistungen theoretisch an jedem Ort und zu jeder Zeit möglich. Mobile Kommunikationsmittel beschreiben internetfähige multifunktionale Arbeitsmittel wie bspw. Notebooks, Laptops, Tablets und Smartphones.[462] Es ist Stand der Dinge, dass Unternehmen ihren Arbeitnehmern mobile Kommunikationsmittel zur Verfügung stellen, so auch die [*Name des Unternehmens*]. Dass mit den mobilen Kommunikationsmitteln ermöglichte orts- und zeitunabhängige Arbeiten bietet dem Arbeitnehmer einerseits ein hohes Maß an Flexibilität, es kann andererseits durch Nutzung der mobilen Kommunikationsmittel in der Freizeit, d.h. außerhalb der individuellen Arbeitszeit, aber auch zu einer Entgrenzung der Arbeit mit negativen Folgen für die Gesundheit des Arbeitnehmers führen. Eine solche Gesundheitsbeeinträchtigung soll mit dieser Vereinbarung vermieden werden.

---

[461] Die Mustervereinbarung basiert auf dem Vorschlag von Schlegel, NZA-Beil. 2014, 16, 21 f..

[462] Schuchart, Ständige Erreichbarkeit im Arbeitsverhältnis, 175, 179.

§ 1 Geltungsbereich

Diese Vereinbarung gilt für alle Betriebe und Betriebsteile sowie für alle Arbeitnehmer der [*Name des Unternehmens*].

§ 2 Allgemeine Grundsätze zur Nutzung mobiler Kommunikationsmittel

1.1 Aus dem Besitz und der Nutzung mobiler Kommunikationsmittel begründet sich kein Anspruch des Arbeitgebers auf Erreichbarkeit des Arbeitnehmers in dessen Freizeit. Von einer Inanspruchnahme des Arbeitnehmers in der Freizeit ist mit Ausnahme der in § 3 dieser Vereinbarung geregelten Fälle abzusehen. Eine Benachteiligung eines Arbeitnehmers aufgrund von Nichterreichbarkeit ist auszuschließen.

1.2 Zur Ermöglichung einer größeren persönlichen Flexibilität können Arbeitnehmer unter den Voraussetzungen der Betriebsvereinbarung zur Telearbeit und mobilen Arbeit ihrer Arbeit freiwillig auch außerhalb der regelmäßigen Arbeitszeit nachgehen. Der Arbeitnehmer hat dies mit seiner jeweiligen Führungskraft abzustimmen. Die Führungskräfte haben darauf zu achten, dass die Ausübung der Arbeit nur in einem verantwortbaren Umfang, insbesondere unter Beachtung der gesetzlichen, tarifvertraglichen und betrieblichen Regelungen, erfolgt.

1.3 Die mobil erbrachten Arbeitszeiten werden angerechnet. Etwas anderes gilt nur dann, wenn die mobile Arbeit von der jeweiligen Führungskraft aufgrund fehlender Notwendigkeit untersagt wurde.

§ 3 Ausnahmsweise Inanspruchnahme von Arbeitnehmern in ihrer Freizeit

Eine ausnahmsweise Inanspruchnahme von Arbeitnehmern in ihrer Freizeit hat nach dem Prinzip des geringstmöglichen Eingriffs unter Beachtung der nachfolgenden Kriterien zu erfolgen:

3.1. Der Arbeitgeber hat dafür Sorge zu tragen, dass seine Arbeitnehmer im Rahmen der individuell vereinbarten Arbeitszeit ihre Arbeitsleistung erbringen können. Sonn- und Feiertage sind grundsätzlich arbeitsfreie Tage.

3.2. Inanspruchnahmen von Arbeitnehmern in ihrer Freizeit sind nur in Ausnahmefällen möglich und bedürfen einer besonderen Begründung. An die Begründung sind umso strengere Voraussetzungen zu stellen, je weiter die Inanspruchnahme zeitlich von der individuellen Arbeitszeit entfernt ist. Insbesondere unaufschiebbare Arbeitsaufgaben, deren Bearbeitung nicht bis zum nächsten Arbeitsbeginn warten kann, begründen einen die Inanspruchnahme rechtfertigenden Ausnahmefall. Bei der Inanspruchnahme sind folgende Maßgaben zu beachten:

3.2.1 Es gilt den Personenkreis so eng wie möglich zu halten. Als erster Ansprechpartner dient immer die Führungskraft, in deren Verantwortungsbereich die zu erfüllende Arbeitsaufgabe fällt. Erst wenn diese die Arbeitsaufgabe alleine nicht zufriedenstellend bearbeiten kann, darf eine Inanspruchnahme der sachbearbeitenden Arbeitnehmer erfolgen.

3.2.2 Bei einer unabdingbaren Inanspruchnahme der sachbearbeitenden Arbeitnehmer ist deren persönliche und familiäre Situation zu berücksichtigen. Eine sozial verträgliche Auswahl ist zu treffen. Inanspruchnahmen von sich im Urlaub befindenden Arbeitnehmern sind nicht gestattet. Der Arbeitgeber hat bereits bei der Urlaubsplanung und -gewährung betriebliche Erfordernisse zu berücksichtigen und mittels einer geeigneten Vertretungsregelung sicherzustellen, dass bei einer vorhersehbaren Abwesenheit ein Rückgriff auf die sich im Urlaub befindenden Arbeitnehmer nicht erforderlich ist.

3.2.3 Die Arbeitsaufgaben sollen, sofern möglich, vorrangig mittels mobiler Kommunikationsmittel bearbeiten werden. Eine schnelle Abwicklung per Telefon ist vorzugswürdig. Nur wenn ein Telefonat nicht ausreichend ist, ist alternativ oder ergänzend eine Konkretisierung der Arbeitsaufgabe per E-Mail mit Angaben zur Bearbeitungszeit, zum Bearbeiterkreis sowie zum Adressat der Arbeitsergebnisse möglich. Ist eine persönliche Rücksprache nicht erforderlich, so hat die Zuleitung des Arbeitsergebnisses grundsätzlich per E-Mail zu erfolgen.

3.2.4 Die Zeit der Inanspruchnahme wird als Arbeitszeit angerechnet.

3.2.5 Bei der Inanspruchnahme der Arbeitnehmer in der Freizeit sind die gesetzlichen, tarifvertraglichen und betrieblichen Regelungen zu beachten. Der Arbeitgeber hat dafür Sorge zu tragen, dass den in Anspruch genommenen Arbeitnehmern zeitnah eine Erholung, bspw. mittels eines stundenweisen Zeitausgleiches oder mittels Gewährung von Urlaub, ermöglicht wird.

3.3 Unberührt von dieser Vereinbarung bleibt die Möglichkeit, im Rahmen der gesetzlichen und tarifvertraglichen Regelungen, Rufbereitschaft oder Bereitschaftsdienst anzuordnen.

§ 4 Salvatorische Klausel

Sollten einzelne Bestimmungen dieser Vereinbarung ganz oder teilweise unwirksam sein oder werden, so bleibt die Wirksamkeit der übrigen Bestimmungen dieser Vereinbarung davon unberührt. Die Vereinbarungsparteien verpflichten sich dazu, die unwirksame Bestimmung durch eine ihr dem Sinn und Zweck nach am nächsten kommende gesetzliche Regelung zu ersetzen.

§ 5 Einigungsstelle

5.1 Bei allen Meinungsverschiedenheiten im Zusammenhang mit dieser Vereinbarung entscheidet, sofern zwischen Unternehmensleitung und Betriebsrat keine Einigung erzielt werden kann, die gem. § 76 BetrVG zu bildende Einigungsstelle. Der Spruch der Einigungsstelle steht unter dem Vorbehalt einer gerichtlichen Überprüfung. Eine Antragsstellung auf Überprüfung hat innerhalb von zwei Wochen nach Eingang des schriftlichen Spruches beim zuständigen Arbeitsgericht zu erfolgen.

5.2 Sind in Einzelfragen spezielle Fachkenntnisse erforderlich, so kann ein Sachverständiger konsultiert werden. Die Konsultation eines Sachverständigen seitens des Betriebsrats bedarf der vorherigen Zustimmung der Unternehmensleitung der (*Name des Unternehmens*).

§ 6 Inkrafttreten und Geltungsdauer

Diese Vereinbarung tritt am [*Datum*] in Kraft und kann mit einer Frist von [*Frist]* zum Ende des [*Monats/Quartals/Kalender(halb)jahres*], erstmals zum [*Datum*], gekündigt werden.

Ort, Datum

Unterschrift Vertreter der Unternehmensleitung / Unterschrift Betriebsrat

F Fazit

Bei der Digitalisierung der Arbeitswelt handelt es sich längst nicht mehr um ein Zukunftsphänomen. Insbesondere im Dienstleistungssektor hat die Digitalisierung bereits Einzug gefunden mit einem verbleibenden nicht unwahrscheinlichen Potenzial der Verstärkung. Einer der größten Vorteile der Digitalisierung ist die technische Ermöglichung eines zeit- und ortsunabhängigen Arbeitens. Diese Flexibilität bietet nicht nur Arbeitgebern, sondern auch Arbeitnehmern neue Möglichkeiten, sodass es nicht verwunderlich erscheint, dass beide Parteien ein Interesse daran haben diesen Vorteil für sich zu nutzen. Dem steht auf einen ersten Blick das in die Jahre gekommene ArbZG mit seinen strengen Grenzen entgegen. Mit Blick auf die Kehrseite der Medaille der Digitalisierung, einer mit Gesundheitsgefahren für den Arbeitnehmer einhergehenden Entgrenzung der Arbeit, kann eine pauschale Abschaffung der aus gutem Grunde bestehenden Grenzen des ArbZG allerdings nicht befürwortet werden. Eine behutsame Änderung des ArbZG ist vielmehr nur an den Stellen empfehlenswert, an denen es aufgrund veränderter Rahmenbedingungen zu keinem akzeptablen Ergebnis mehr führt. Dies ist insbesondere bei der täglichen Ruhezeit der Fall, sofern Arbeitnehmer ihre Arbeitszeit tatsächlich selbstbestimmt gestalten können. Hierbei ist der von der EG-Arbeitszeitrichtlinie 2003/88/EG vorgegebene Handlungsspielraum zu beachten. Insbesondere den Arbeitgebern darf mit der Digitalisierung der Arbeitswelt keine Plattform dafür gegeben werden, lang ersehnte Änderungen des ArbZG durchzusetzen. Dies muss insbesondere im Hinblick auf die bereits im ArbZG bestehenden weitgehenden kollektivrechtlichen Flexibilisierungsmöglichkeiten gelten. Dass auch zukünftig der Ansatz gelten muss, kollektivrechtlichen Gestaltungsmöglichkeiten vor allgemeinen gesetzlichen Vorschriften den Vorrang zu geben, steht nicht zuletzt aufgrund der Erzielung einer bedarfsgerechteren Lösung, als dies eine allgemein gesetzliche Vorschrift je könnte, außer Frage. Dieser Schluss deckt sich auch mit der Kernaussage des Weissbuchs des BMAS. Es ist somit in Bezug auf die Bewältigung der Probleme der digitalen Arbeitswelt auf partnerschaftliche Lösungen zu setzen, die die Interessen beider Seiten fair berücksichtigen und in Ausgleich bringen. So erkennen auch immer mehr Arbeitgeber, dass eine vollkommene Ausnutzung der technischen Möglichkeiten in Form einer ständigen Erreichbarkeit nicht zielführend ist, sodass vermehrt betriebliche Regelungen zur Begrenzung dieser geschlossen werden.

Im Ergebnis gilt es sich somit auch in der digitalen Arbeitswelt zur Erzielung von fairen Regelungen wieder etwas mehr darauf zu besinnen, dass Arbeit nur eine Facette des Lebens ist.

Stichwortverzeichnis

Berliner wirtschaftsrechtliche Schriften

Die Berliner wirtschaftsrechtlichen Schriften (BWS) werden von den Professoren der Hochschule für Technik und Wirtschaft Berlin, Michael Jaensch und Irmgard Küfner-Schmitt, herausgegeben und erscheinen im Gans Verlag, Berlin.

BWS 1 Patrick Müller, Mindestlohn. Berechnung und Auszahlung, 126 S., ISBN 978-3-946392-00-2

BWS 3 Patrick Rieger, Tarifeinheitsgesetz. Eine verfassungsrechtliche Bewertung, 177 S., ISBN 978-3-946392-01-9

BWS 3 Anke Götze, Die Haftung im eigenverwalteten Insolvenzverfahren. Eine Bewertung des Haftungskonzepts, 90 S., ISBN 978-3-946392-02-6

BWS 4 Marcel Paltin, Insiderinformationen und Ad-hoc-Publizität. Anforderungen an die Selbstbefreiung von der Veröffentlichungspflicht, 120 Seiten, ISBN 978-3-946392-03-3

BWS 5 Thomas Cunow, Vertrauenskapital und Abmahnung. Parameter einer verhaltensbedingten Kündigung, 130 S., ISBN 978-3-946392-04-0

BWS 6 Stephanie Raithel, Werbeblocker im Internet. Eine wettbewerbsrechtliche Beurteilung, 220 S., ISBN 978-3-946392-05-7

BWS 7 Nicole Conzelmann, Arbeitszeit in der digitalen Arbeitswelt, 141 S., ISBN 978-3-946392-08-8

BWS 8 Elena Koch, Union Busting, ca. 192 S. 978-3-946392-09-5

BWS 9 Patrick Rieger, Tarifeinheit. Anmerkungen zum Urteil des Bundesverfassungsgerichts, 32 S., 978-3-946392-10-1

Wirtschaftsrechtliche Lernbücher

Die Wirtschaftsrechtlichen Lernbücher (WLB) erscheinen im Gans Verlag, Berlin.

WLB 1 Professor Dr. Michael Jaensch, **Juristische Methodenlehre.** Rechtsgeschichte, Auslegung und Rechtsfortbildung – mit zahlreichen Beispielen und Klausurfällen
Broschur, 116 Seiten, 1. Auflage 2016, 14,95 €
ISBN 978-3-946392-06-4

WLB 2 Professor Dr. Michael Jaensch, Professorin Dr. Irmgard Küfner-Schmitt, Dr. Laura Schmitt, **Juristisches Arbeiten**. Für den erfolgreichen Start in das Rechtsstudium – mit zahlreichen Beispielen
Broschur, 132 Seiten, 2. Auflage 2017, 14,95 €
ISBN 978-3-946392-11-8

Eduard Gans

Der Gans Verlag will mit seinem Namen an den Juristen Eduard Gans (1797 bis 1839) erinnern.

Eduard Gans war im Jahr 1819 Mitbegründer des *Verein für Cultur und Wissenschaft der Juden* und stand diesem von 1821 bis 1824 als Präsident vor.

Er war von 1820 an als Privatdozent an der Berliner Universität tätig. Seine spätere Bewerbung auf eine Professur wurde abgelehnt, da ihm als Juden trotz des preußischen Emanzipationsedikts zur Gleichstellung der Juden die Beamtenlaufbahn nicht offenstand. Erst nachdem Gans zum Protestantismus konvertiert war, wurde es ihm möglich, seine wissenschaftliche Laufbahn fortzusetzten. Im Jahr 1826 wurde er als Professor an die Berliner Universität berufen und wurde dort 1832 Dekan der juristischen Fakultät.

Eduard Gans war ein entschiedener Gegner des konservativen Staatsrechtlers Friedrich Carl von Savigny und gilt heute als Begründer der vergleichenden Rechtswissenschaft. Bekannt ist er vor allem als Herausgeber von Georg Wilhelm Friedrich Hegels *Grundlinien der Philosophie des Rechts* und der *Vorlesungen über die Philosophie der Geschichte*. Sein Hauptwerk *Das Erbrecht in weltgeschichtlicher Entwicklung*, das in den Jahren 1824 bis 1835 in vier Bänden erschien, blieb unvollendet.